ンプシート

切り取り線で切り取り、目につくところに貼ってください。つまぷるできた日は、シールを貼りましょう。
※詳しい使い方はP.32参照。

4	5	6	7
3日坊主 クリア!	つまぷるは 力まず やさしくね!	つまぷるの 黄金タイムは 風呂上がり	1週間 クリア! やったね!
(お)(み)(腰)	(お)(み)(腰)	(お)(み)(腰)	(お)(み)(腰)

4	5	6	7
鏡を見るの 習慣になって きたかな?	トイレのたびに 引き締め呼吸を!	みそ汁は 食事の一口目に 飲むと◎!	2週間クリア! 自分を褒めて!
(お)(み)(腰)(へ)(下)(呼)	(お)(み)(腰)(へ)(下)(呼)	(お)(み)(腰)(へ)(下)(呼)	(お)(み)(腰)(へ)(下)(呼)

4			7
寝る子はやせる! よく寝ようね	を上手に使って ストレッチ	自分より1㎜ でも前進!	3週クリア おめでとう ございます
(お)(み)(腰)(へ)(下)(呼) (前)(足)(骨)	(お)(み)(腰)(へ)(下)(呼) (前)(足)(骨)	(お)(み)(腰)(へ)(下)(呼) (前)(足)(骨)	(お)(み)(腰)(へ)(下)(呼) (前)(足)(骨)

4	5	6	7
鏡を見て カッコつけて みよう!	湯船で 温まって 汗をかこう	ゴール目前 しっかり つまぷる!	4週クリア ゴール達成 おめでとう
(お)(み)(腰)(へ) (下)(呼)(10)(そ)	(お)(み)(腰)(へ) (下)(呼)(10)(そ)	(お)(み)(腰)(へ) (下)(呼)(10)(そ)	(お)(み)(腰)(へ) (下)(呼)(10)(そ)

GOAL!

4週間つまぷるプログラム

毎日応援スタン

Week 1	❶	❷	❸
おなかドームならし みぞおちはがし 腰肉はがし 粉ものハーフチャレンジ	今日から スタート! ワクワク!! お み 腰	2日目も がんばって! お み 腰	おなかを 鏡で見て 変化を確認 お み 腰
Week 2	**❶**	**❷**	**❸**
へそ肉はがし 下腹はがし 引き締め呼吸［初級］ 引き締め呼吸［上級］ 1日2杯めぐりアップみそ汁	今日から 2週目 スタート! お み 腰 へ 下 呼	シールが 増えてくると 楽しいよね お み 腰 へ 下 呼	ここまで がんばっている 自分に拍手 お み 腰 へ 下 呼
Week 3	**❶**	**❷**	**❸**
前もも伸ばし 足首ストレッチ 骨盤体操 粉もの全カットチャレンジ	後半さらに 体を整えて いくよー! お み 腰 へ 下 呼 前 足 骨	疲れた日は どれか1つでも できれば◎ お み 腰 へ 下 呼 前 足 骨	やせたら どんな服を 着たい? お み 腰 へ 下 呼 前 足 骨
Week 4	**❶**	**❷**	**❸**
10回ばんざい その場もも上げ たんぱく質ちょこちょこ食べ ラスト1週間! FIGHT!!	たんぱく質 をしっかり とってね! お み 腰 へ 下 呼 10 そ	小腹が すいたら ゆでたまご お み 腰 へ 下 呼 10 そ	朝イチに 動けば1日中 やせモード お み 腰 へ 下 呼 10 そ

つまぷるで腹ペタ!

みっこ

40代からの動ける体チャンネル

はじめに

40代からのおなかやせは
つまぷるで伸ばすのが正解！

こんにちは。心と体のコンディショニングトレーナー、みっこです。
40歳を過ぎたあたりから、「おなかまわりに肉がつきやすくなった」
「若いころみたいにやせられない」という
お悩みが切実なものになってきます。
それもそのはず！　アラフォーに突入したおなかは、
食事を制限したり、運動したりしても、簡単にはヘコみません。
運動不足で固まった体で無理に動こうとしても、すぐに疲れて挫折するだけ。
気持ちはヘコんでもおなかはヘコみません。

でも、大丈夫！

実はおなかやせのために大事なのは、
「伸ばす」ことだからです。
縦に伸ばせば、それだけで腹ペタになるんです。

いっしょに
つまぷるで
腹ペタに
なりましょう！

固まった体を伸ばして動きやすくして自然とやせられる
画期的なメソッドが「つまぷる」です。
おなかをつまんでぷるぷる揺らすという簡単な方法で、
あなたもグーンと伸びたペタンコおなかに変われます！

つまぷるで起きるうれしい変化

1回つまぷるするだけで、ボディラインは引き締まり、
体を動かしやすくなります。
そしてつまぷるを続けていくと、体質が改善し、こりや痛みも解消。
体も心も、そして人生も、いいほうに変わっていくんです！

1回で変わる

バストがサイズアップ

猫背で下向きだったバストが、グイッと上向きに。１～２カップ、サイズが上がって見えます。

ウエストがくびれる

おなかをグーンと伸ばせるようになると骨盤と肋骨の間隔が広がります。するとくびれが出現！

下腹ペッタンコ

おなかを伸ばすことで、下腹にたまっていたお肉も縦に伸び、そこに脂肪がたまりにくくなります。結果、腹ペタに！

美姿勢に

縮んでいた胸が広がり、美姿勢に。やがて、無意識でもこの姿勢をキープできるようになります。

続けると変わる

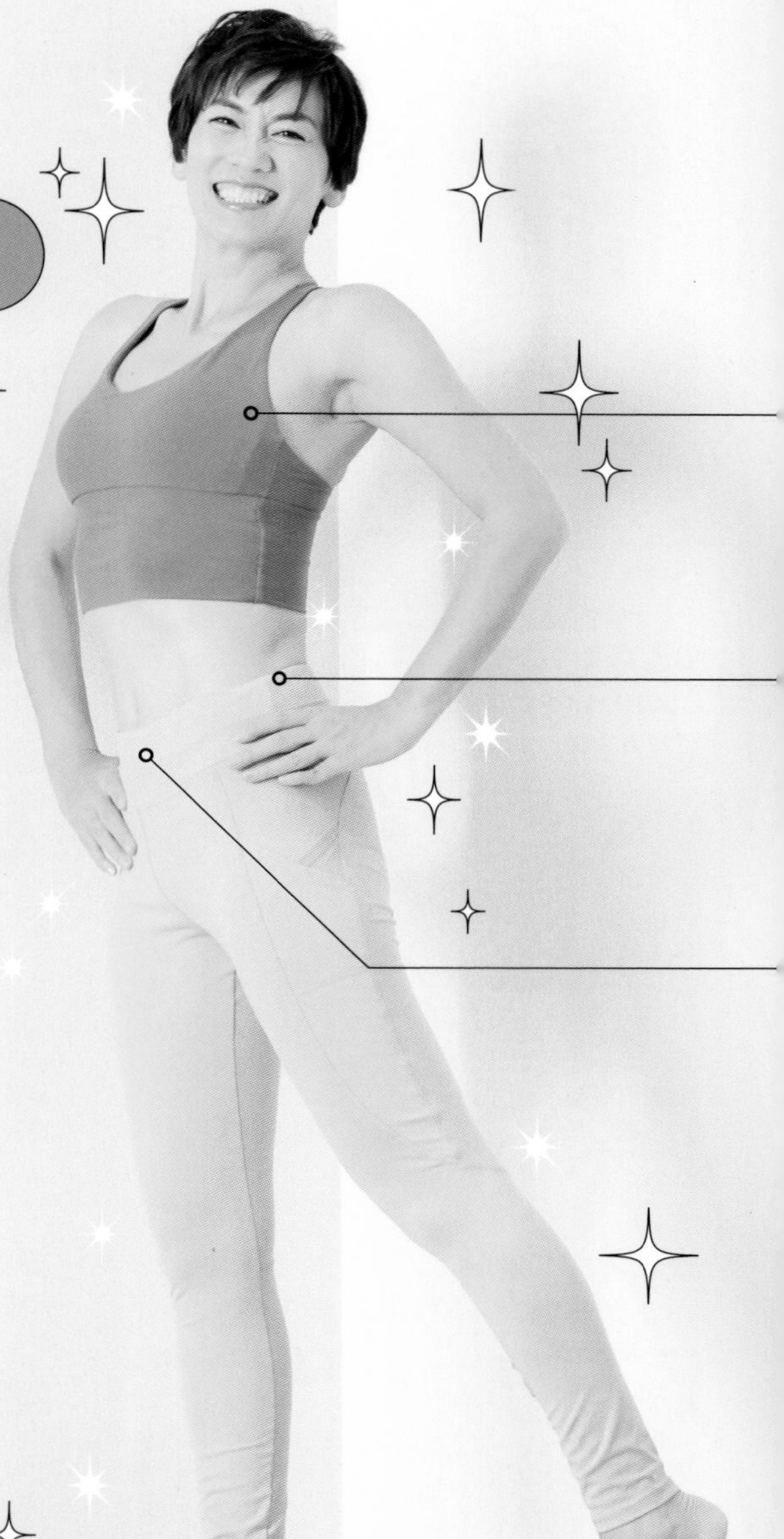

体脂肪が減る

おなかを伸ばすことで「使える体幹」に。すべての動作が体幹始動になり、運動量がアップ。体脂肪が燃焼されやすくなり、減ります。

太りにくい体質になる

美姿勢を保つための抗重力筋が常に働くように。消費エネルギーが増えて、食べても太りにくい体質に！

便秘が解消

おなかを刺激することで腸も刺激。早い人だとつまぷるしたその日のうちに、頑固な便秘が解消します。

肩こり、腰痛が消える

悪い姿勢で1カ所に負荷がかかるのが、痛みの原因。おなかを伸ばし続ける美姿勢なら、無理な負荷はゼロ！　痛みは発生しません。

私たち つまぷるでこんなに 腹ペタになりました～

みっこの指導のもと、2～3カ月のつまぷるを実践し、腹ペタを手に入れたみなさんの変身ぶりをご紹介!

※生徒さんのダイエットは、つまぷると適度な運動&食事指導を組み合わせた結果です。

Mさん｜157cm・48歳

楽しく続けながらウエスト18cm減! 3LからLへとサイズダウンしました

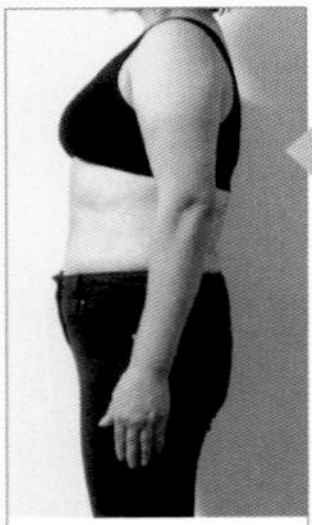

体重 76.5kg
ウエスト 85cm

3カ月で

体重 -7kg

ウエスト -18cm

体重 83.5kg
ウエスト 103cm

Sさん｜163cm・48歳

ウエスト24cm減で、手持ち服を全部買い替えました! 腰痛も解消!!

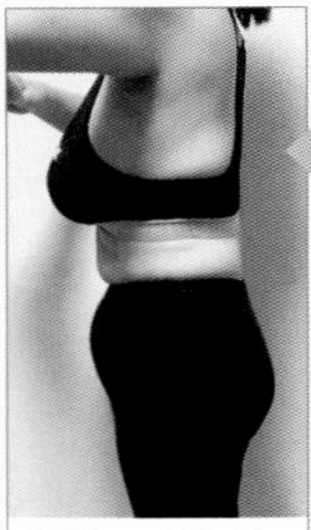

体重 70.4kg
ウエスト 74cm

3カ月で

体重 -7.1kg

ウエスト -24cm

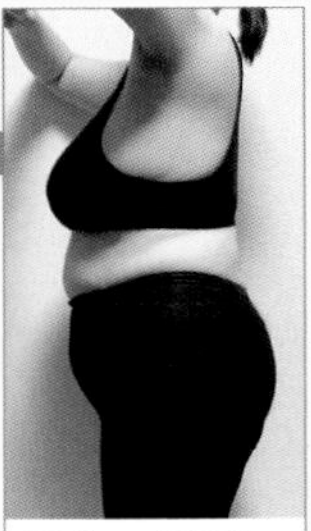

体重 77.5kg
ウエスト 98cm

Wさん｜155cm・48歳

ウエスト10cm減。下腹肉も消えてパンツのウエストに余裕ができました

体重 50.1kg
ウエスト 74cm

2カ月で

体重 -1.3kg

ウエスト -10cm

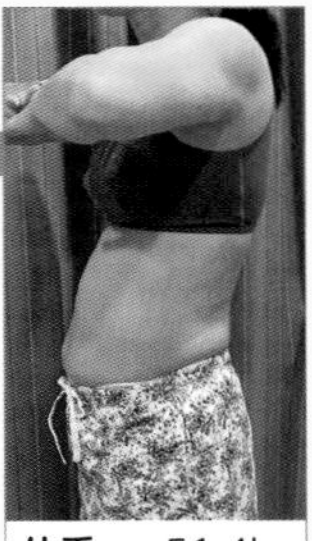

体重 51.4kg
ウエスト 84cm

Aさん｜158cm・48歳

下を向いて自分の足が見えるように! 20代から悩みのギックリ腰にオサラバ

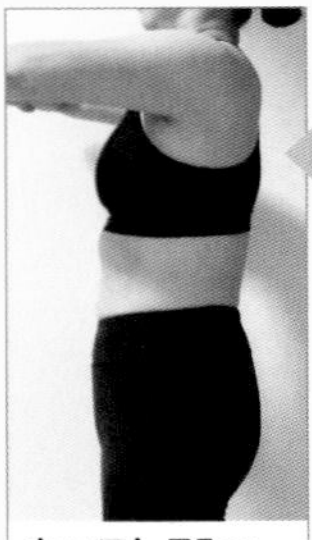

ウエスト 75cm
下腹 86cm

3カ月で

ウエスト -10cm

下腹 -9cm

ウエスト 85cm
下腹 95cm

Tさん | 162cm・59歳

**おなかも脚も細くなり、諦めていた
タイトスカートやブーツをはけます**

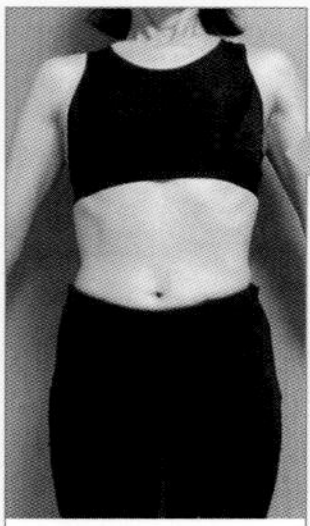

体重 52.9kg
ウエスト 66cm

3カ月で

体重 **-2.6kg**

ウエスト **-7cm**

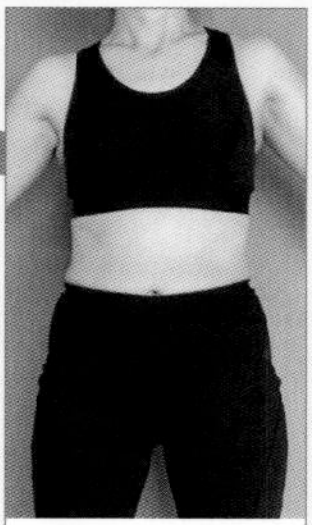

体重 55.5kg
ウエスト 73cm

MHさん | 157cm・47歳

**1回でウエスト5cm減。続けるうちに
会社の制服が2サイズダウンしました**

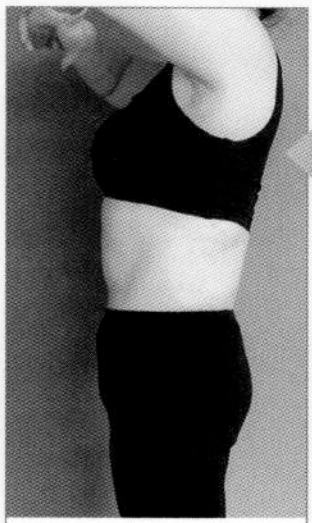

体重 62kg
ウエスト 80cm

3カ月で

体重 **-1.4kg**

ウエスト **-8cm**

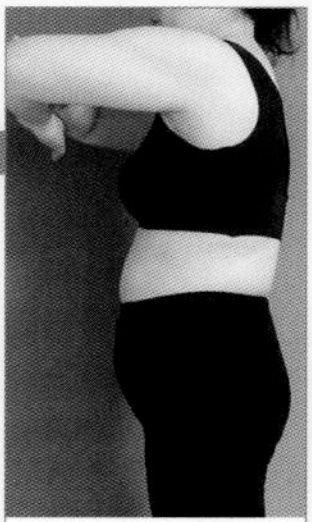

体重 63.4kg
ウエスト 88cm

Eさん | 164cm・50歳

**段腹が小さくなっていくワクワク感が
たまらない！　反り腰も直り美姿勢に**

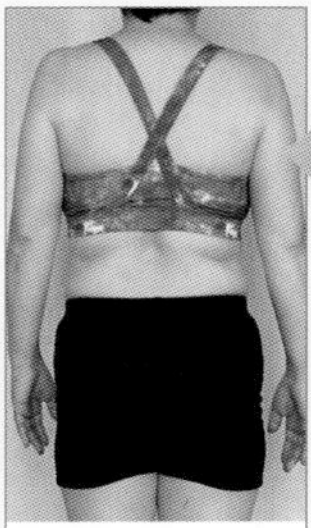

体重 62kg
ウエスト 76cm

3カ月で

体重 **-2kg**

ウエスト **-5cm**

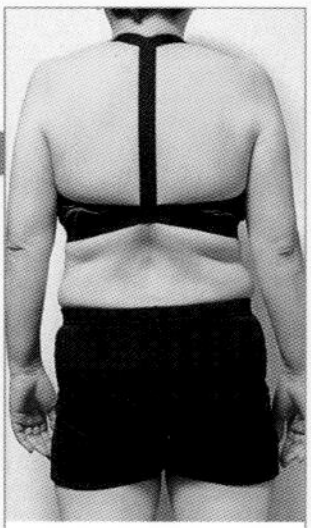

体重 64kg
ウエスト 81cm

MSさん | 169cm・61歳

**60歳超えでウエスト6cm減。
何歳でも体はつくれると実感してます**

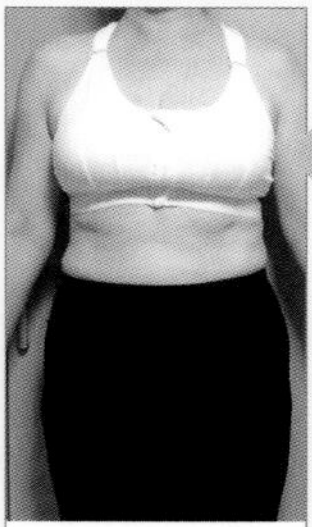

体重 70.2kg
ウエスト 89cm

3カ月で

体重 **-4.2kg**

ウエスト **-6cm**

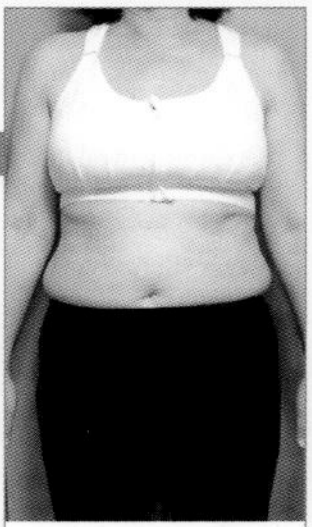

体重 74.4kg
ウエスト 95cm

YSさん | 148cm・72歳

**70歳過ぎてもボディラインは変わる！
仕事もおしゃれも、さらに楽しみます**

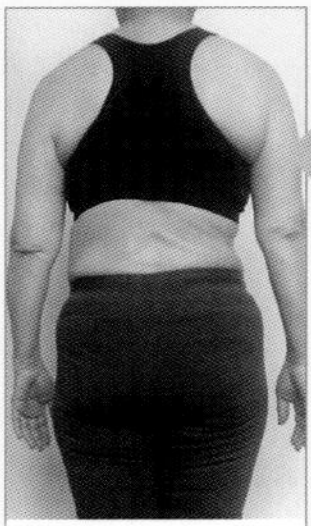

体重 50kg
ウエスト 66cm

3カ月で

体重 **-1kg**

ウエスト **-1cm**

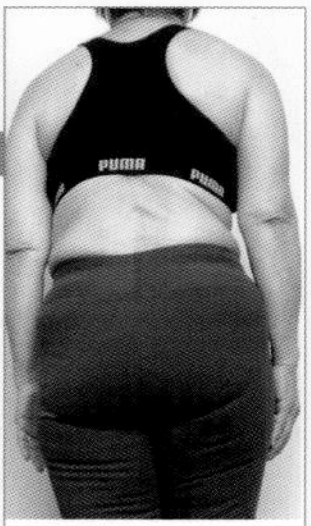

体重 51kg
ウエスト 67cm

MBさん | 160cm・48歳

**はけなかったジーンズが入るように！
前の姿には戻りたくないと継続中です**

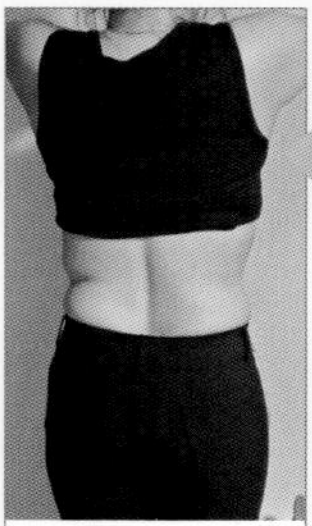

体重 61kg
ウエスト 72cm

2カ月で

体重 **-3kg**

ウエスト **-4cm**

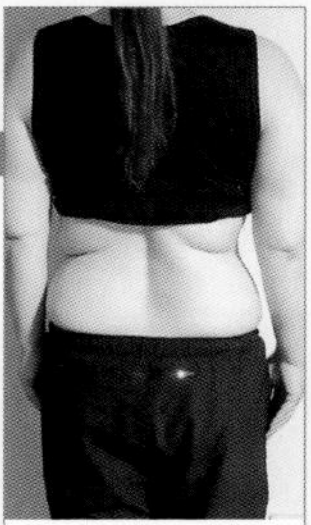

体重 64kg
ウエスト 76cm

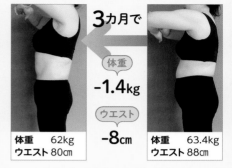

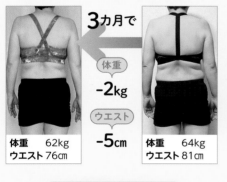

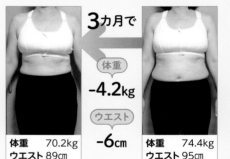

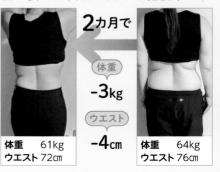

北陽もつまぷるで目指せ！腹ペタ!!

YouTubeでみっこにつまぷるを教えてもらった北陽。つまぷるの感想を語ってくれました。

40代からのダイエットは意識の大変革が必要！

みっこ　YouTube「北陽チャンネル」でダイエット企画にチャレンジされているお二人ですが、きっかけは？

虻川　40歳超えてどんどん体が重くなり、このままじゃよくないなと。自分たちで喝を入れようって。太る原因は間食と分かっているんです。忙しいから「今、食べておこう」って子どもの習い事の合間とかに、無理に食べちゃう。

伊藤　私は、子どもが寝静まってから、自分へのごほうびに食べる夜のお菓子がやめられない～。

みっこ　これまでにはどんなダイエットを？

虻川　伊藤ちゃんは、いっぱいやってきたよね。

伊藤　りんごダイエットとか、玄米おにぎりだけを食べるとか。ジョギングや筋トレも。でも食べるのが好きで運動が嫌いな私は、どれも続かないんです。

虻川　若いころはちょっとがんばればやせたけど、40歳過ぎると結果が出ない。だからみっこさんに「40歳超えたら、今までのダイエットじゃダメ」っていわれたのが、なるほど～って納得した！

みっこ　そう！長期間かけて固めてきた「筋膜の引きつれ」をはが

北陽

(右)伊藤さおり、(左)虻川美穂子。二人とも1974年生まれの同級生お笑いコンビ。テレビやYouTube、雑誌への登場など幅広く活躍中。著書に『北陽の“母ちゃん業”まっしぐら!』(主婦の友社)など。

すことが、40歳過ぎのダイエットには絶対必要なんです。

伊藤　筋膜なんて今まで意識したことがなかった〜。筋膜をはがすという行為も人生初でした。

つまぷるで「いつの間にか動ける体」になる

みっこ　つまぷるを体験してみてどうでしたか？

虻川　まず自分のおなかがこんなにつかめることがショックで。見ないふりをしていたおなかの現実をつきつけられる。

伊藤　おなかが太る立ち方をしていたってことも、初めて知ったよね。

Abu-chan

道具も場所も気合いも不要！気づいたらすぐ、ぷるぷるできるところがいい！——伊藤

そしてつまぷるすると、すぐ体が変わるのが面白い！

虻川　グーンと体を伸ばせるようになって初めて「今まで縮んでいたんだ」って分かるよね。

伊藤　おへそが細長くなったり、くびれができたり、変化がすぐ感じられるし、体も動かしやすくなる。

虻川　体が重いと「運動しなきゃ」のハードルが高いんだけど、つまぷるで体が軽くなると、気づいたら動いている。「1階分なら階段上がろうかな」とか。

みっこ　そうなの。「いつの間にか動ける体」をつくるのが、つまぷるなんです！

伊藤　道具も気合いもいらなくて、思い立ったらすぐできるところも、私にぴったりです。

虻川　この歳だし、太ってもしょうがないって思っていたけど、みっこさんのおなかを見たら年齢をいいわけにできなくなっちゃった。

伊藤　今が分かれ道だって思うんです。このままどんどん太るか、踏みとどまるか。がんばり不要のつまぷるを継続すれば、将来大きな差になるのかなと。

虻川　開き直りたくないよね。ゆるっとつまぷるを続けながら、二人で元気なおばさん目指していきたいです！

Ito-chan

ふだん、自分の体を触る機会がなかった。触って意識を向けることが、ダイエットの第一歩ですね——虻川

北陽のつまぷる成果はここ←で見られる！

北陽チャンネル

みっことのコラボ企画も多数。料理バトルや「やってみた」シリーズなど、楽しい企画が満載！
@user-pu3uy9cm4z

このおなかがつまぷるの成果です！

「つまぷるでこのおなかになれるんだ」と、みっこのおなかを見て二人のやる気に火が！

CONTENTS

はじめに 40代からのおなかやせはつまぷるで伸ばすのが正解！ …… 2
つまぷるで起きるうれしい変化 …… 4
私たちつまぷるでこんなに腹ペタになりました〜 …… 6
北陽もつまぷるで 目指せ！腹ペタ!! …… 8

第1章 つまぷるで瞬やせできるわけ

【解説まんが】つまぷるで瞬やせできるわけ …… 14
筋膜の引きつれをほぐせば運動ゼロでもやせられる …… 18
体重を減らせばいいのでは？ NO！40代のおなかはそれだけじゃヘコまない …… 20
つまぷるで刺激すると天然のガードル腹横筋が働き出す …… 22
つまぷるのうれしいメリット 抗重力筋が働いて食べても太りにくい体になる …… 24
食事も意識するとやせ効果倍増 食事は制限でなくチョイス（が大事） …… 26
60万人以上が登録 みっこの「40代からの動ける体チャンネル」に注目！ …… 28

第2章 運動ゼロで腹ペタ 4週間つまぷるプログラム

運動ゼロで腹ペタ 4週間つまぷるプログラムの進め方 …… 30
とじ込み『毎日応援スタンプシート』＆シールでモチベアップ …… 32
つまぷるの基本 …… 34
つまぷるのコツ …… 36

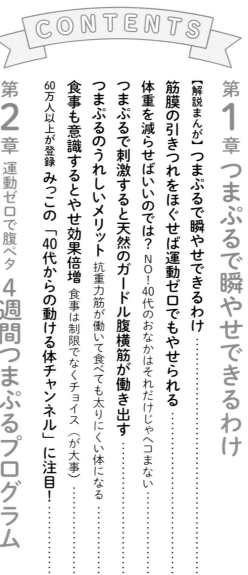

Week 1 MENU …… 38
01 おなかドームならし …… 40
02 みぞおちはがし …… 42
03 腰肉はがし …… 44
01 おなかドームならし［寝ながらバージョン］…… 46
02 みぞおちはがし［寝ながらバージョン］…… 48
03 腰肉はがし［寝ながらバージョン］…… 50
食事ミッション 粉ものハーフチャレンジ …… 52
粉ものハーフカットのコツは NGメニューをOKメニューに置き換える！ …… 54

Week 2 MENU …… 56
01 へそ肉はがし …… 58
02 下腹はがし …… 60
03 引き締め呼吸［初級］…… 62
04 引き締め呼吸［上級］…… 64
食事ミッション 1日2杯めぐりアップみそ汁 …… 66
めぐりアップみそ汁に入れたい たんぱく質&食物繊維食材リスト …… 68

Week 3 MENU …… 70
01 前もも伸ばし …… 72
02 足首ストレッチ …… 74
03 骨盤体操 …… 76
食事ミッション 粉もの全カットチャレンジ …… 78

Week 4 MENU …… 80
01 10回ばんざい …… 82
02 その場もも上げ …… 84
食事ミッション たんぱく質ちょこちょこ食べ …… 86

つまぷるQ&A …… 88
50代編集者のおなかも大変身 つまぷる体験実録 …… 90
デスクワークで姿勢を崩さない お手軽 整えテク …… 92

本書の注意事項

◉ 本書で紹介するメソッドは、病気や故障の治癒、治療のものではありません。また、効果には個人差があります。
◉ 体調がすぐれない時、体に痛みがある時、満腹時、血圧に異常がある時は行わないでください。また、途中で体に異常を感じた場合はただちに中止し、医師に相談してください。
◉ 次の方は必ず事前に医師に相談し、許可を得てから行ってください。
- 妊娠中の方、持病がある方、けがをしている方
- 体調がすぐれない方、体に痛みがある方
- 血圧の高い方
- 頸椎や腰椎に痛みのある方
- 喘息の方

第3章 40代以降のお悩み つまぷる＆マッサージですべて解決！

ムダ肉、たるみ、冷え…… 40代以降のお悩みにつまぷるが効くわけ …… 96
お悩み01―タレ尻を引き上げたい …… 98
お悩み02―太ももをほっそりさせたい …… 100
お悩み03―二の腕の振り袖肉を取りたい …… 102
お悩み04―丸い背中をスッキリさせたい …… 104
お悩み05―冷え性を改善してポカポカになりたい …… 106
お悩み06―尿もれの不安から解放されたい …… 108
お悩み07―頑固な便秘を解消したい …… 110
お悩み08―更年期のイライラを抑えたい …… 112
お悩み09―白髪・ペタ髪を黒々ふんわりさせたい …… 114
お悩み10―二重あごをスッキリさせたい …… 116
お悩み11―ほうれい線を薄くしたい …… 118
お悩み12―肩こりをほぐしたい …… 120
お悩み13―腰痛をやわらげたい …… 122
お悩み14―ひざ痛をなんとかしたい！ …… 124

おわりに
がんばらないダイエットこそが
40代以降のやせる近道です …… 126

とじ込み 毎日応援スタンプシート＆シール ―― つまぷる4週間プログラム

本書と合わせて動画もチェック

本書で紹介しているエクササイズを、みっこが動画でも実演。紙面と合わせてぜひチェックしてください。各ページに記載しているQRコードからサイトにアクセス！

2章に登場していま〜す

ぷに腹モデルのゆなぞんです！

ふだん、みっことといっしょにYouTubeに登場しているゆなぞんです。みっこはつまぷるでばっちり腹ペタのため、おなかの肉をつまむ様子が分かりにくい(肉がない)！そこでおなかモデルとして本紙に登場しています。どうぞよろしく〜！

第1章

つまぷるで瞬やせできるわけ

【解説まんが】つまぷるで瞬やせできるわけ

じゃぁまずおなかを伸ばしてみましょう
骨盤と肋骨の距離をグーンと離すイメージでおなかを引き上げてみて
骨盤と肋骨を離す?
こんな感じ?
ピ〜〜
おおっ!?
ウエストがグイッとくびれておなかがペタンコになる!
フフフ
そうなんです おなかって伸ばせば細くなるんです!
―30秒後―
あれ? 戻っちゃう
シボ〜〜ン
みっこさん おなかを伸ばしておきたいのにキープできません!
なんで
おなかの筋肉がなさすぎるせい?
それはですね…

おなかを伸ばしていられない原因は「筋膜の引きつれ」です
筋膜?
引きつれ?
筋膜っていうのは筋肉と脂肪の間にある薄い膜
筋肉
筋膜
筋肉の断面
鶏肉でいうなら鶏皮と鶏肉の間にある薄い膜。筋肉はそれぞれ筋膜に覆われているの
浅筋膜
深筋膜
筋外膜
皮膚
脂肪
脂肪
筋肉
ああ、あれ!
筋膜は「第2の骨格」ともいわれていて、全身を支えているんです
例えるならビヨ~ンと伸びるボディスーツを着ているような状態よ
その筋膜が引きつれるってどういうこと?
姿勢の崩れや生活習慣のクセによって筋膜がよれて固まることよ

例えば猫背でいるとおなかやみぞおちの筋肉が引きつれて
結び目みたいに固まるの。すると体を伸ばしにくくなり、おなかの筋肉は動きが悪くなります。
その結果、おなかのまわりに脂肪がどんどんついちゃうというわけ
イヤ〜!!!
引きつれた筋膜をはがす方法が「つまぷる」。脂肪をつまんでぷるぷる揺らすことで、筋膜がはがれ、おなかを伸ばせるようになるの
無意識でもおなかを伸ばし続けていられるようになるのよ
つまぷる!?
道具も気合いも時間も不要！
脂肪をつまんで揺らすだけ！
1回つまぷるするだけで、おなかがヘコむのを実感できるから！
今すぐやりま〜す！
みっこさん、やり方を教えて〜!!

筋膜の引きつれをはがせば

POINT

運動ゼロでもやせられる

筋膜が引きつれている場所に脂肪がつく！

おなかの脂肪。食べすぎや運動不足が原因と思いがちですが、もうひとつ、見逃してはいけない原因が「**筋膜の引きつれ**」です。筋膜とは、筋肉を覆っている薄い膜のこと。筋肉と脂肪の間にあり、全身に張り巡らされています。筋肉を程よく動かしていれば、筋膜はスムーズに伸び縮みします。ところが悪い姿勢などによって血液やリンパの流れが滞ると、筋膜が水分不足に。伸び縮みが悪くなり、筋膜同士がくっついて固まり、引きつれてしまうのです。

筋膜が引きつれていれば、周囲の筋肉の動きも悪化。筋肉がサボると熱を作り出す力がダウン、体は脂肪で覆うことで冷えから守ろ

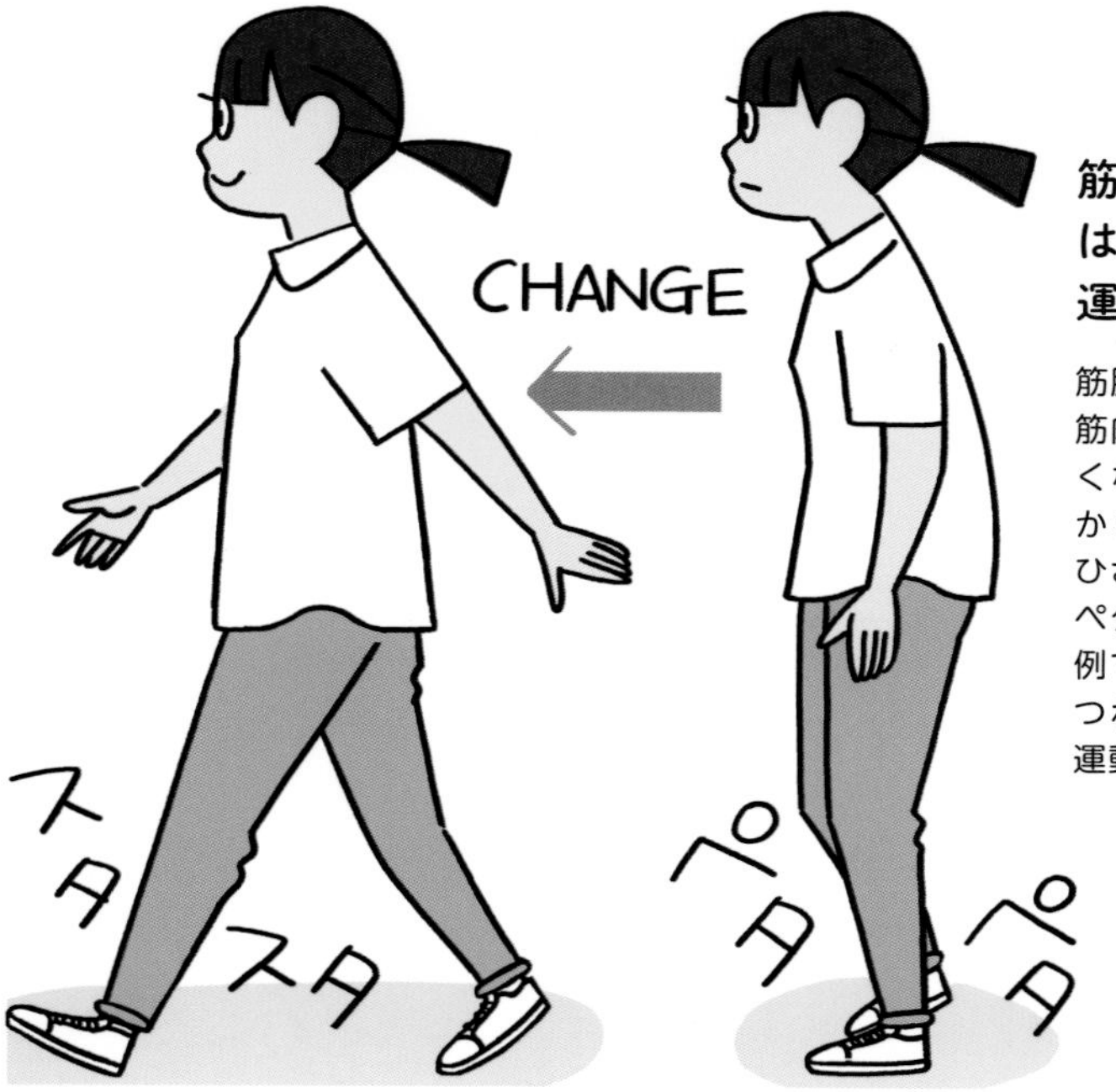

筋膜の引きつれがはがれれば運動量もアップする

筋膜の引きつれがあると、筋肉本来の動きができなくなりがち。股関節を動かして大またで歩けず、ひざ下だけ動かしてペタペタ歩くというのは典型例です。つまぷるで引きつれをはがせば、自然と運動量もアップします。

うとします。つまり、**筋膜の引きつれをはがさない限り、脂肪はたまり続ける**のです。

　万年ダイエッターの人や、やせているのにおなかだけぽっこり、ダイエットしても脚は細くならないといった人も、筋膜が引きつれていると考えて間違いないでしょう。

　筋膜が引きつれている状態は、結び目のあるボディスーツを着ているようなもの。例えばみぞおちに結び目があれば、おなかを伸ばそうとしても結び目に引っ張られて、猫背に戻ります。それに抗《あらが》っておなかを伸ばそうとすれば、「いい姿勢をキープするのは疲れる」と感じるし、縮んだところに脂肪がたまるのです。引きつれをはがせば、おなかを伸ばすのはラクラク。**おなかが伸びて骨盤と肋骨の間が広がれば、自然におなかはへコみます。**無理に運動しなくても腹ペタがかなうのです。

よくある勘違い

体重を減らせばいいのでは?

NO!

40代以上のおなかはそれだけじゃヘコまない

脂肪が1gも減らなくてもおなかはヘコむ

つまぷるは、気になる脂肪をつまんでぷるぷる揺らすダイエット。揺らして脂肪を燃焼させているわけではありません。一番の狙いは、筋膜の引きつれをはがすこと。脂肪の根っこは筋肉にくっついて、脂肪と筋肉の間に、筋膜が存在しています。**脂肪の根っこを揺らすことで脂肪が筋肉からはがれ、筋膜の引きつれもはがれるのです。**

「体脂肪が1gも減らないなら、ダイエットではない」と思いますか?

でも、想像してみてほしいのです。例えばウエストのサイズを測るとき。グ～ッとおなかに力を込めればウエストサイズは大幅にダウンしますね。たとえ体脂肪が減らなくても、

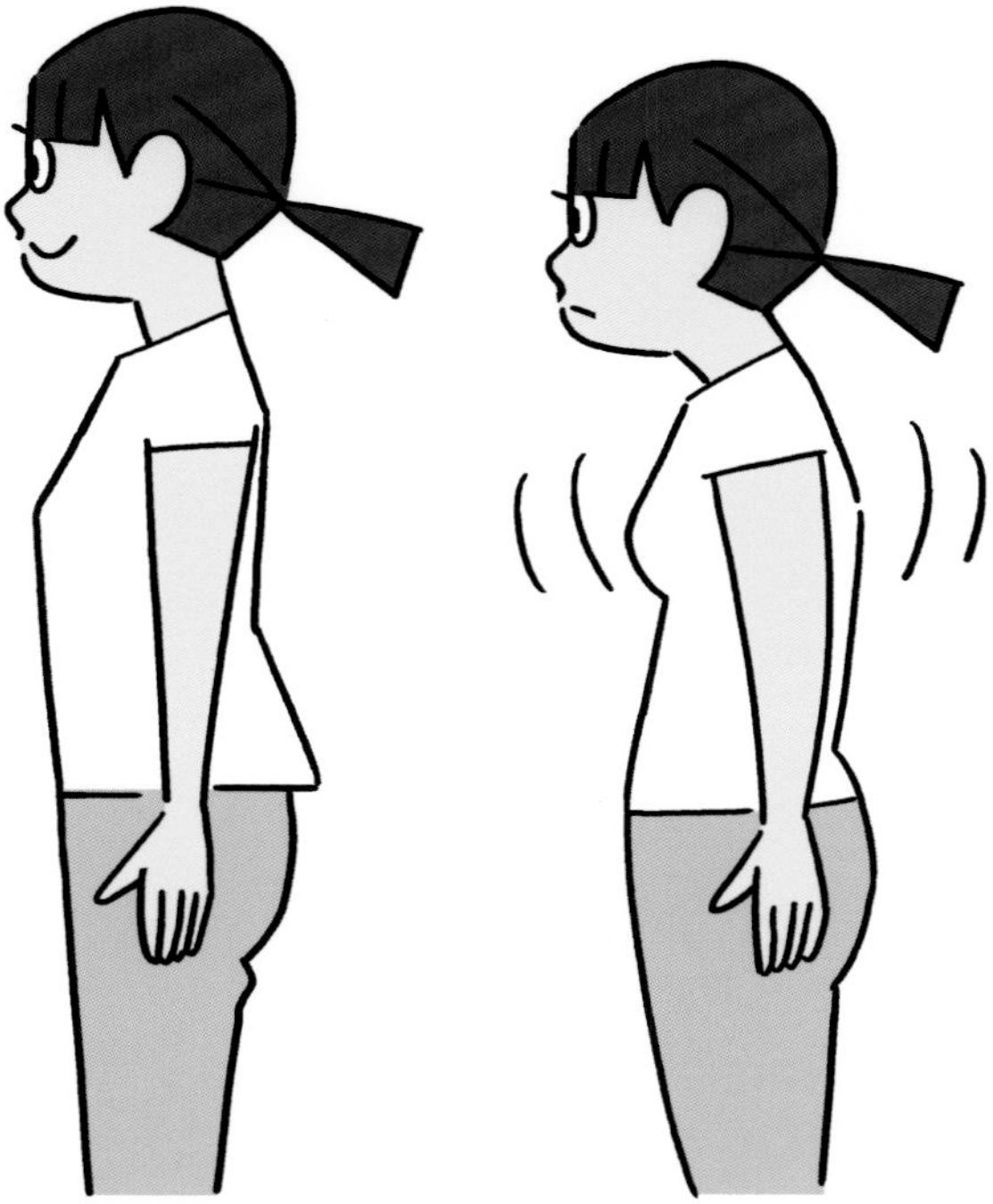

ボディラインは姿勢で決まる!

体脂肪の量以上に、姿勢が見た目の印象を左右します。筋膜が引きつれていると、いい姿勢をキープするのは苦行ですが、つまぷるで引きつれがはがれると、いい姿勢が通常モードに。「姿勢を崩すほうが不自然でツラい」と感じます。

おなかまわりはキュッと締まります。そのスタイルを無意識下でもキープできれば、おなかをヘコませた状態が、その人のウエストサイズとなるでしょう。

つまぷるで筋膜の引きつれをはがせば、おなかが伸びて1回でサイズダウンします。姿勢が崩れれば、おなかのサイズは元に戻りますが、つまぷるを続ければ、おなかを伸ばした状態が通常モードに。**体はおなかが伸びた状態を形状記憶し、24時間、引き締まったおなかでいられます。**体重や体脂肪が減ることより、見た目が引き締まるほうが大事だと、私は思います。

ちなみに、**つまぷるを続けるうち、筋膜の引きつれから解放された筋肉は、運動量がアップ。**その結果、体脂肪も減っていきます。

つまぷるで刺激すると
天然のガードル
腹横筋が
働き出す

眠っていた筋肉は触れられると目覚める

つまぷるの目的は、筋膜の引きつれをはがすと同時に、眠っていた筋肉を刺激すること。そのために、1回でできるだけたくさんの脂肪をつまみます。それは、表面の脂肪を薄くつまんでいるだけでは、筋肉に刺激が届かないから。脂肪は柔らかいですが、分厚く脂肪をつまもうとすると、これ以上はつまめないという硬い層に行き当たります。それが、**脂肪の奥にある筋肉**です。脂肪の根っこからつまんで揺らすことで、筋肉を刺激するのです。

　分厚い脂肪がついている場所の筋肉は、活性化していません。筋トレやストレッチをしても、眠っている筋肉は動き方を忘れ、なかなか働こうとしないのです。

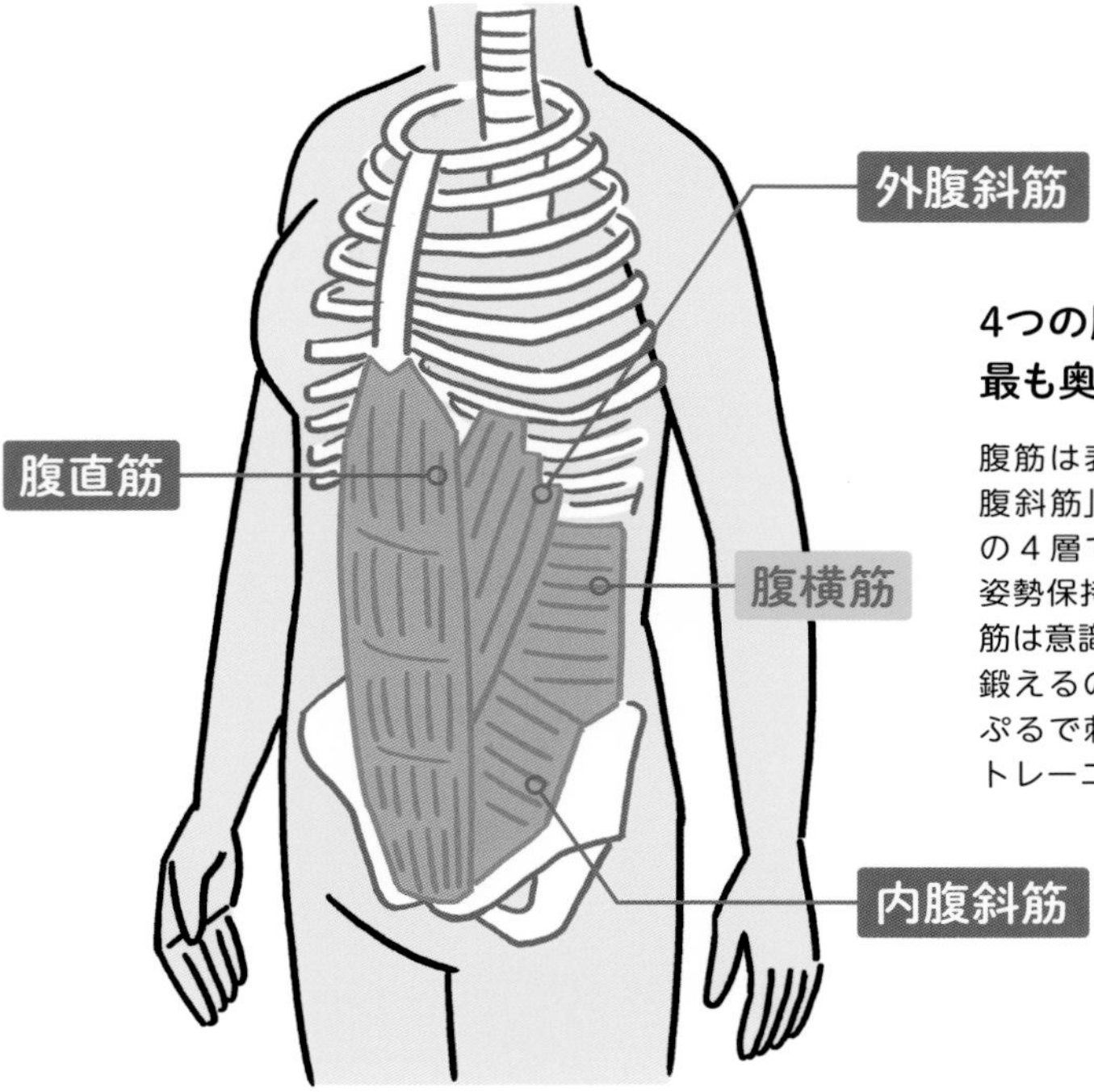

4つの腹筋群のうち
最も奥にあるのが腹横筋

腹筋は表面から「腹直筋」「外腹斜筋」「内腹斜筋」「腹横筋」の４層で構成されています。姿勢保持に力を発揮する腹横筋は意識して力を込めにくく、鍛えるのが難しい筋肉。つまぷるで刺激するのが、手軽なトレーニング法です。

そのため、腹筋運動でおなかを鍛えるはずが、なぜか首ばかり痛くなるといった、「鍛えたいところと別の場所が刺激される」現象が起きてしまいます。眠っている筋肉を起こすには、つまぷるのような周辺からの物理的な刺激が効果的です。

つまぷるで特に目覚めさせたい筋肉は、おなかのインナーマッスル「腹横筋」です。腹横筋はおなかのまわりを横に走っている薄い筋肉で、姿勢を真っすぐ保持したり、おなかをコルセットのようにギュッと締める役割を担っています。重いものを持ち上げるような力はありませんが、**ひとたび目覚めれば、おなかまわりを引き締め、美姿勢キープに働き続けてくれます。**

筋肉は力が入るとキュッと硬くなります。つまぷる前後で、脂肪の奥にある腹横筋の硬さがどう変わるか、ぜひ比べてみてください。

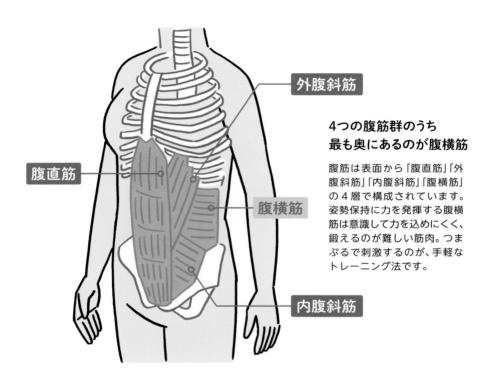

つまぷるのうれしいメリット

抗重力筋が働いて 食べても太りにくい体になる

日常生活のエネルギー消費量が劇的にアップ

つまぷるすると、猫背で丸まっていた姿勢が真っすぐになります。最初は「姿勢を正そう」という意識が必要ですが、だんだんと無意識でも美姿勢を保持できるように。それは、筋膜の引きつれがはがれることで「**抗重力《こうじゅうりょく》筋《きん》**」**が再稼働する**からです。

地球上で立ったり座ったりしているだけで、私たちの体には、体重と同じだけの重力がかかっています。それに抗《あらが》って体を真っすぐに保つのが、**脊柱起立筋《せきちゅうきりつきん》や腹筋群などの抗重力筋**。筋膜が引きつれて体が曲がっていると、抗重力筋から力が抜けますが、筋膜の引きつれがはがれることで、再び働き始めます。

基礎代謝の年齢別変化

出典：厚生労働省「日本人の食事摂取基準（2015年版）策定検討会報告書」より

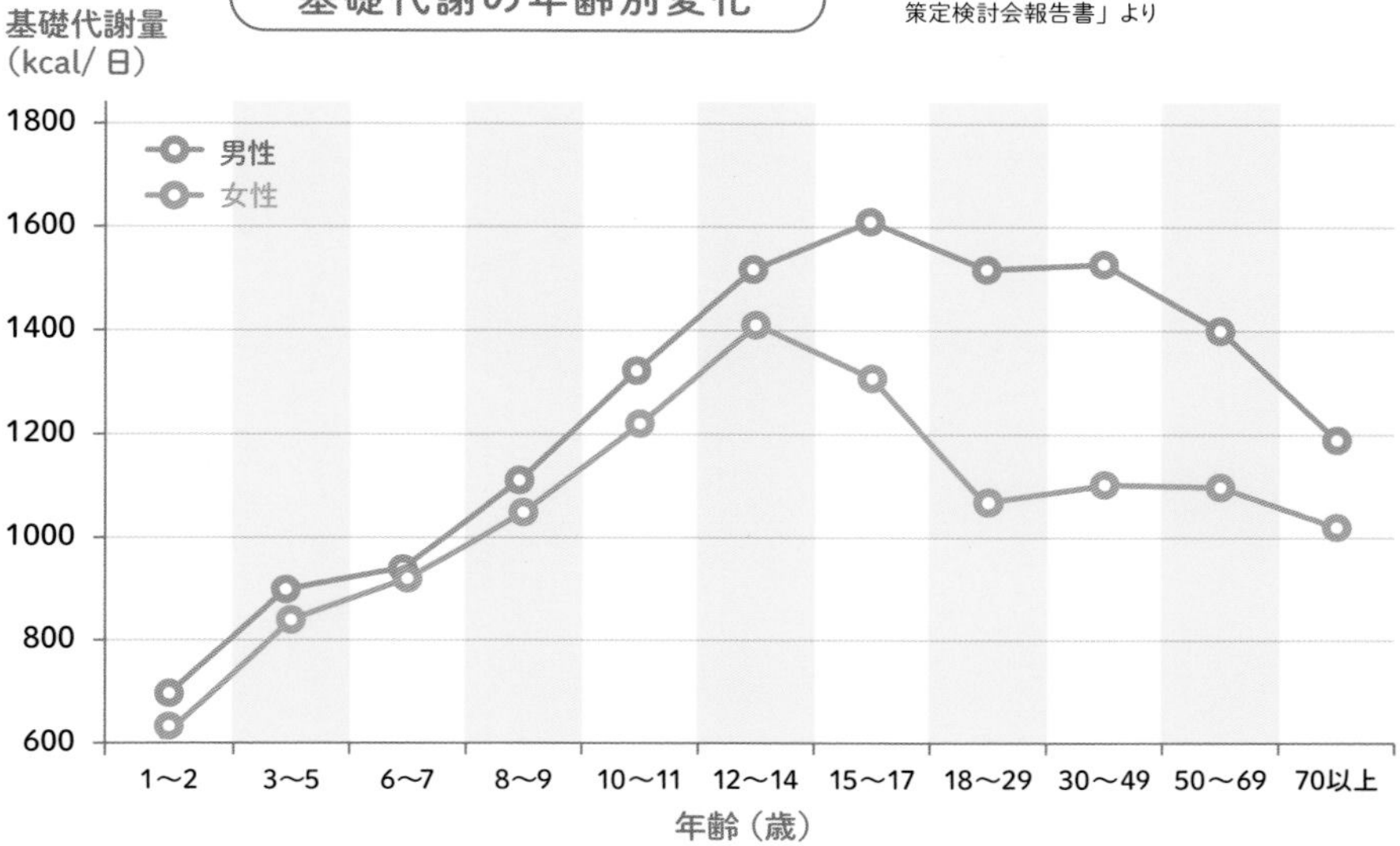
基礎代謝量
（kcal/日）
1800
1600
1400
1200
1000
800
600
男性
女性
1〜2
3〜5
6〜7
8〜9
10〜11
12〜14
15〜17
18〜29
30〜49
50〜69
70以上
年齢（歳）

抗重力筋

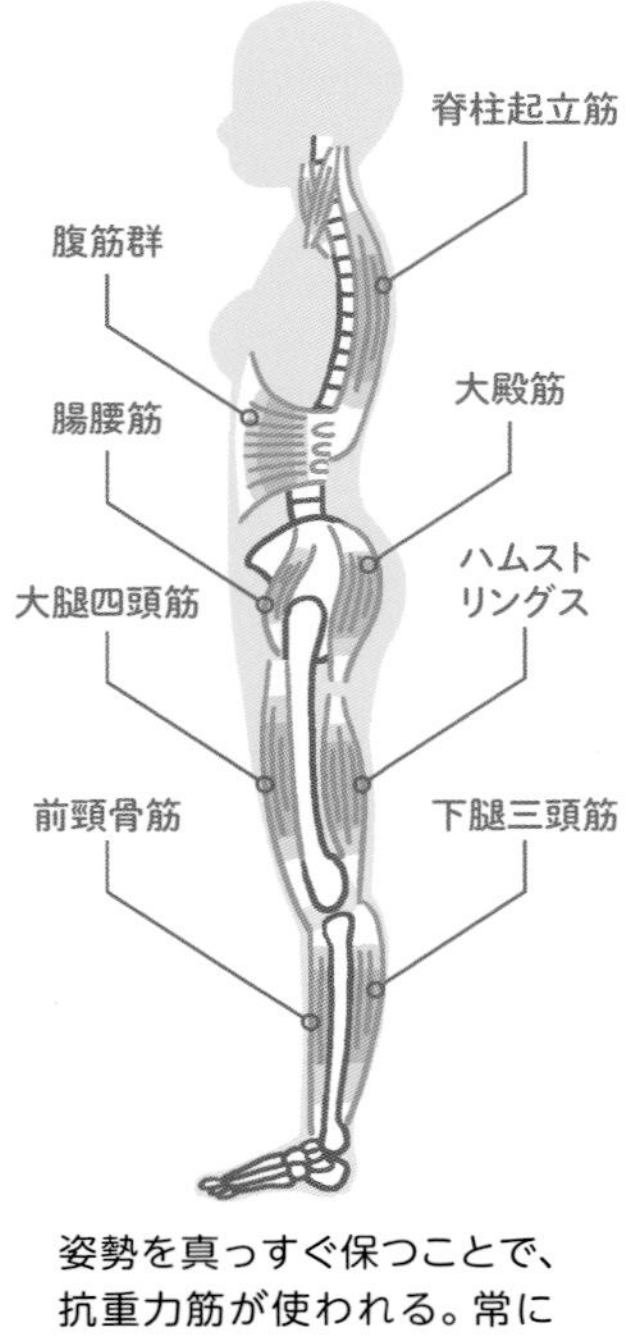
脊柱起立筋
腹筋群
大殿筋
腸腰筋
ハムストリングス
大腿四頭筋
前頸骨筋
下腿三頭筋

姿勢を真っすぐ保つことで、抗重力筋が使われる。常に筋トレしているのと同様のダイエット効果が！

女性の場合、成長期真っ盛りの12〜14歳をピークに基礎代謝量はガクンと減ります。体内で最もエネルギーを使う臓器・組織が筋肉。眠っている筋肉を目覚めさせることで代謝を上げ、加齢による体形崩れを阻止することができます！

そして、**眠っていた抗重力筋が働き始めるということは、それだけ体のエネルギー消費量が増えるということ。**つまり、たくさん食べても太りにくい体質へと変身するのです。

ちなみに女性の場合、基礎代謝量（安静にしていても消費するエネルギー量）は、12〜14歳をピークに落ちていきます。若い頃のように好きなだけ食べ、運動量も変わらなければ、年々太っていくわけです。それに抗《あらが》う手段がつまぶる！ つまぶるで抗重力筋を目覚めさせることで、筋肉量や運動量をラクラク増やすことができるのです。

POINT

食事も意識すると やせ効果倍増

食事は制限でなくてチョイス(が大事)

小麦粉製品を減らして たんぱく質を増やす

つまぷるは、筋膜をはがすダイエット。食事制限は不要です。つまぷるだけでダイエットはもちろん可能……なんですが、**食事に少し気を配ると、一気にギュギュッと引き締まる**ので、ぜひ組み合わせてほしいと思います。

食事に気をつけるといっても、食べる量を減らしたり、糖質を一切とらないといった極端な食事制限はしなくてOK。気をつけてほしいのは、パンやパスタ、うどん、焼き菓子などの**小麦粉製品の摂取を減らすこと。そしてたんぱく質を増やすこと**です。

なぜ小麦粉製品の摂取を減らすとよいのか?小麦粉のとりすぎは体を冷やすとか食欲を増進させるなどといわれますが、それはむくみ

増やしたいもの

筋肉や骨の材料になるたんぱく質は、
不足しないようしっかりとりたい。

減らしたいもの

体のむくみに直結する小麦粉製品。
控えるとおなかがスーッと細くなる。

やすくなるということ。むくみはダイエットの大敵です。「小麦粉製品のとりすぎでむくんでいる」と自覚がなくても、数日、〝粉もの断ち〟をすると余分な水分がスーッと抜けます。張っていたおなかがスッキリする人も多いはず！　代謝が改善されるのです。

たんぱく質を増やしたい理由は、筋肉や血液、髪の毛などの材料になるから。そして**必要量が不足している人が多い**からです。

とはいえ、パンが大好きという人が、無理にパン断ちをしたり、「たんぱく質を増やさなきゃ」と毎食サラダチキンを食べたりしなくても大丈夫。2章の「4週間つまぷるプログラム」では、ラクに小麦粉製品を減らし、たんぱく質を増やす食生活のコツをお伝えします。ぜひ、参考にして、いっしょにラクやせ、かなえましょう！

みっこの

60万人以上が登録

「40代からの動ける体チャンネル」に注目！

大人気の寝る前のおなかがやせるストレッチ。「不眠が解消」といううれしい声がたくさん届いています！

動くのが好きな人におすすめの筋トレやダンスの動画もラインナップ。

「おじぎするだけ」「足踏みするだけ」など、運動嫌いの人もやりたくなる、楽しいダイエットがたくさん！

　トレーナーとして独立する前、腰痛治療の整体師として働いていました。そのとき、腰痛に悩む人は姿勢が悪く腰の筋膜の癒着が強いことに気づいたんです。その引きつれた筋膜をはがしたら体は動くし、おなかが伸びて、おなかはペッタンコに！　このことを多くの人に知ってもらいたく、YouTube「40代からの動ける体チャンネル」を立ち上げました。
おかげさまで登録者数は63万人（2023年1月時点）を突破。腰痛対策や筋トレ、小顔術、ストレッチなど、つまぷる以外のコンテンツも充実。北陽さんや人気のトレーナーさんとのコラボ動画も満載です。
　ぜひこちらもチェックしてみてください！

40代からの動ける体チャンネル https://www.youtube.com/@mikko-ugokeru

第2章

運動ゼロで腹ペタ
4週間つまぷるプログラム

運動ゼロで腹ペタ

4週間つまぷるプログラムの進め方

週	Week 1	Week 2
つまぷるメニュー	おなかドームならし みぞおちはがし 腰肉はがし で、引きつれ筋膜の結び目をほどく！ 	へそ肉はがし 下腹はがし 引き締め呼吸［初級］ 引き締め呼吸［上級］ で、無意識のうちにおなかの筋肉が動く！ 
食事ミッション	粉ものハーフチャレンジ	1日2杯めぐりアップみそ汁

つまぷるは、脂肪をつまんで揺らしてから、おなかを伸ばすだけという単純な動き。おなかの場所に合わせ、つまみ方や伸ばし方のコツは変わりますが、**「その日の気分で好きなところをつまぷる」だけで、誰でも必ず腹ペタになります。**

とはいえ「1日ごとにやることが決まっていたほうがやる気が出る」というお声もいただきます。続けることも大切ですから、続けやすく効率よくやせられる4週間プログラムをつくりました。また、つまぷると並行して取り組んでほしい、週ごとの食事ミッションもご紹介。食事内容にちょっぴり気をつけるだけで劇的におなかペタンコ化が加速します。下のプログラムを参考に、変わっていく自分にワクワクしながら、4週間挑戦してください。

Week 3	Week 4
前もも伸ばし 足首ストレッチ 骨盤体操	10回ばんざい その場もも上げ
粉もの全カット チャレンジ	たんぱく質 ちょこちょこ食べ

とじ込み

『毎日応援スタンプシート』&シールでモチベアップ

4週間つまぷるプログラムを楽しく続けるためのスタンプシートとシールが巻頭にとじ込まれています。プログラム完走のお供に、ぜひ活用してください！

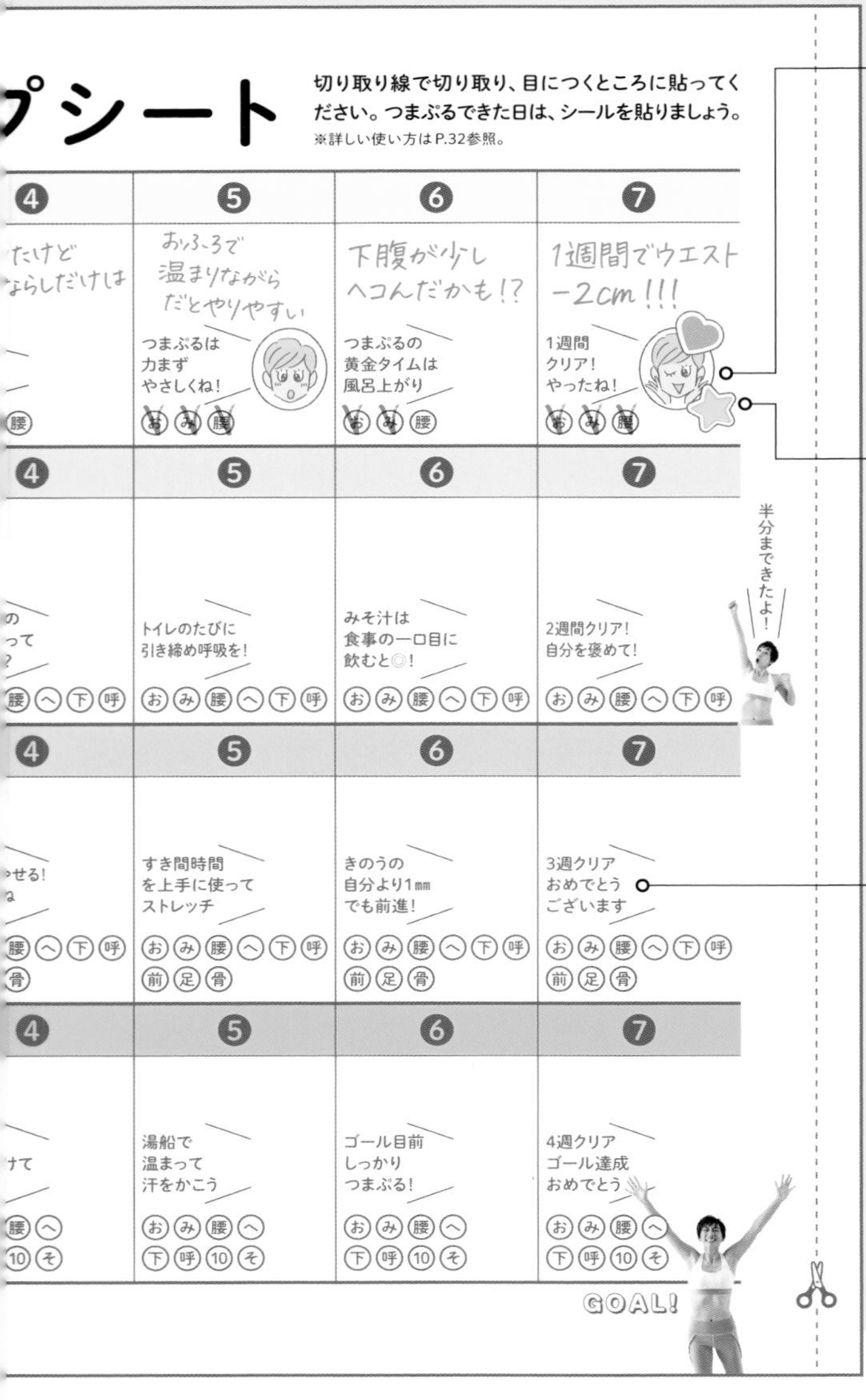

プシート
切り取り線で切り取り、目につくところに貼ってください。つまぷるできた日は、シールを貼りましょう。
※詳しい使い方はP.32参照。
おふろで温まりながらだとやりやすい
下腹が少しへコんだかも!?
1週間でウエスト−2cm!!!
つまぷるは力まずやさしくね!
つまぷるの黄金タイムは風呂上がり
1週間クリア!やったね!
トイレのたびに引き締め呼吸を!
みそ汁は食事の一口目に飲むと◎!
2週間クリア!自分を褒めて!
半分まできたよ!
すき間時間を上手に使ってストレッチ
きのうの自分より1㎜でも前進!
3週クリアおめでとうございます
湯船で温まって汗をかこう
ゴール目前しっかりつまぷる!
4週クリアゴール達成おめでとう
GOAL!

1つでも取り組めた日はみっこシールをペタリ! 達成感!!

つまぷるをした日はシールを貼りましょう。ノルマすべてこなせたらみっこシール、1つでもできたら★シールなど、マイルールを決めて貼っていくのもおすすめです。

みっこまわりを楽しくデコ

★や♥のシールもたくさん。がんばった日はたくさんデコるなど、シートをにぎやかに彩って、楽しくつまぷるを続けていきましょう!

応援メッセージ&つまぷるのコツでやる気がアップ

毎日、みっこの応援メッセージや、つまぷるのコツを記載。読めば気分がアガること間違いなし!

使い方

切り取り線で本から切り取り、冷蔵庫など毎日目にするところに貼ります。つまぷるに取り組んだ日はみっこシールを貼りましょう。

変化や気づいたことを書き込める

「今日はおなかが硬かった」「メニューを2セットできた」など、やったことや気づいたことを書き込めるメモ欄を設けました。振り返りがしやすくなります!

その週&その日にやることがひと目で分かる

シート左側には、その週のメニューが、そして1日ごとの欄にはその日やるメニューの頭文字(例. おなかドームならし→㋔)が。できたら✓(チェック)していきましょう。

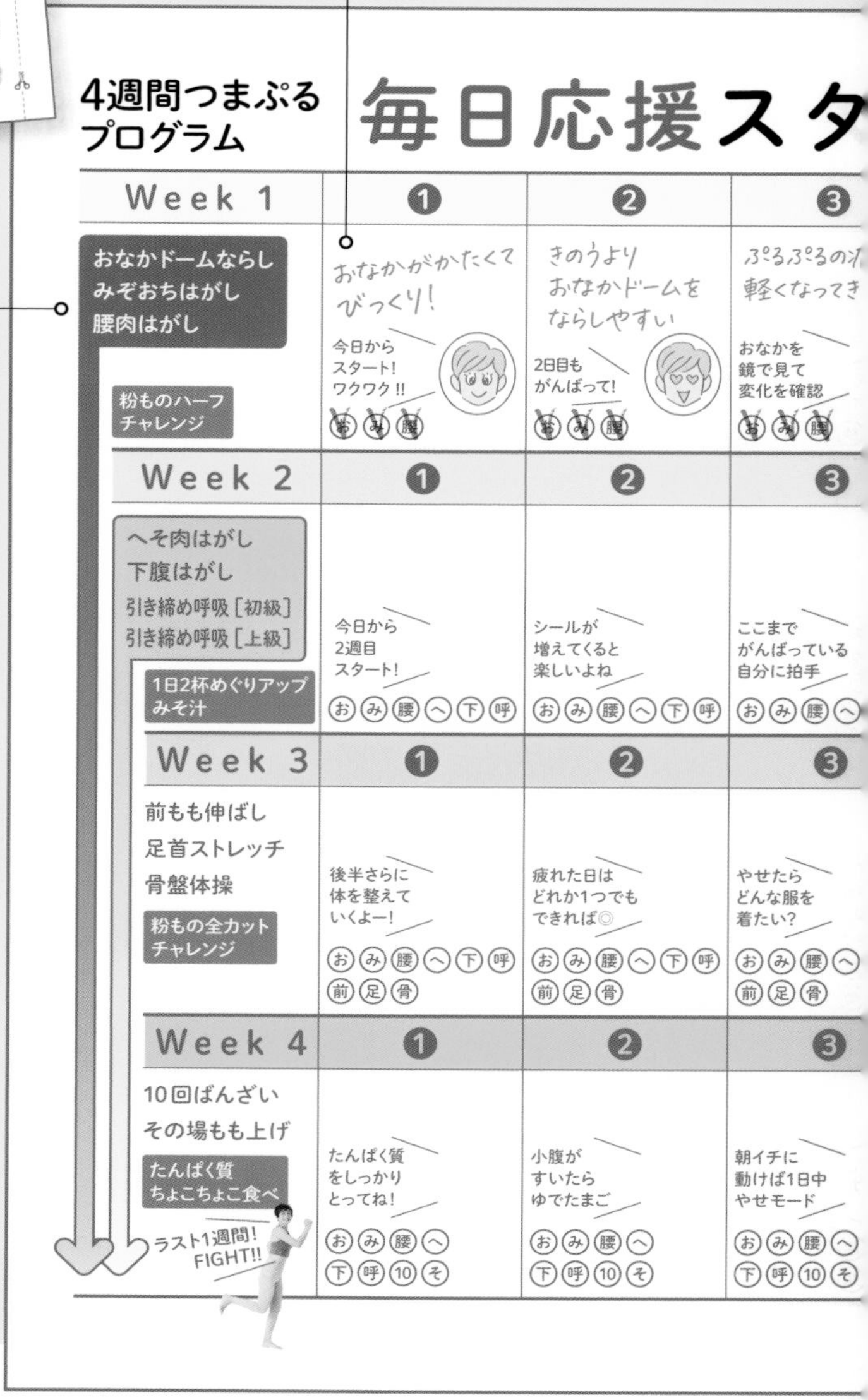

4週間つまぷるプログラム　毎日応援スタ

Week 1	❶	❷	❸
おなかドームならし みぞおちはがし 腰肉はがし 粉ものハーフチャレンジ	おなかがかたくて びっくり! 今日から スタート! ワクワク!! お み 腰	きのうより おなかドームを ならしやすい 2日目も がんばって! お み 腰	ぷるぷるの 軽くなってき おなかを 鏡で見て 変化を確認 お み 腰

Week 2	❶	❷	❸
へそ肉はがし 下腹はがし 引き締め呼吸［初級］ 引き締め呼吸［上級］ 1日2杯めぐりアップみそ汁	今日から 2週目 スタート! お み 腰 へ 下 呼	シールが 増えてくると 楽しいよね お み 腰 へ 下 呼	ここまで がんばっている 自分に拍手 お み 腰 へ

Week 3	❶	❷	❸
前もも伸ばし 足首ストレッチ 骨盤体操 粉もの全カットチャレンジ	後半さらに 体を整えて いくよー! お み 腰 へ 下 呼 前 足 骨	疲れた日は どれか1つでも できれば◎ お み 腰 へ 下 呼 前 足 骨	やせたら どんな服を 着たい? お み 腰 へ 前 足 骨

Week 4	❶	❷	❸
10回ばんざい その場もも上げ たんぱく質ちょこちょこ食べ ラスト1週間! FIGHT!!	たんぱく質 をしっかり とってね! お み 腰 へ 下 呼 10 そ	小腹が すいたら ゆでたまご お み 腰 へ 下 呼 10 そ	朝イチに 動けば1日中 やせモード お み 腰 へ 下 呼 10 そ

つまぷるの基本

おなかの脂肪をつまんでぷるぷる揺らして刺激して、
おなかを伸ばすことで、筋膜の引きつれをはがしていきます。

1 脂肪をつまむ

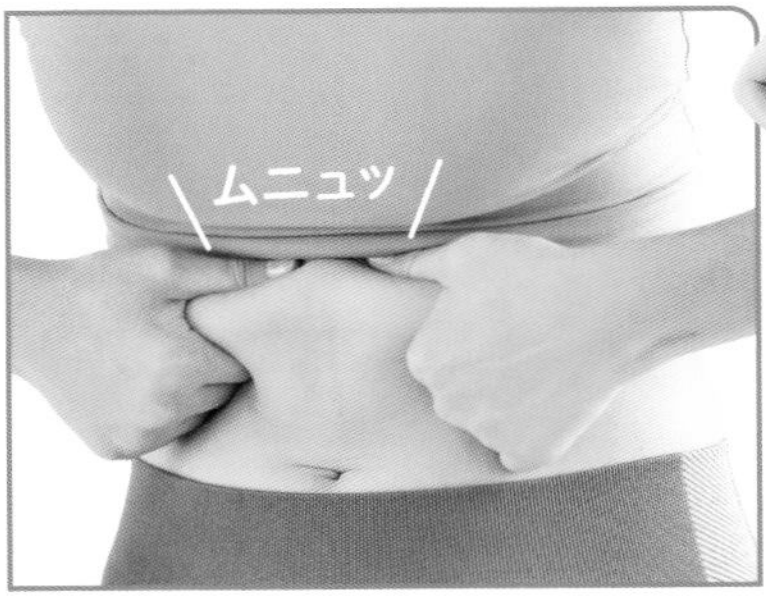

気になるおなかの脂肪をつまみます。**脂肪の根元から**、たっぷりつまみましょう。

2 脂肪を揺らす

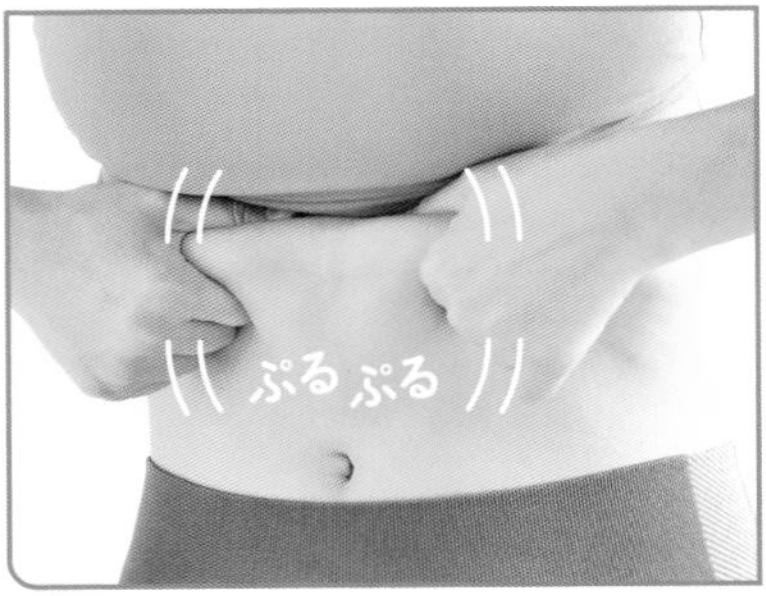

脂肪をつまんだまま、上下に揺らします。**手首だけでなく、腕ごと動かしましょう。**

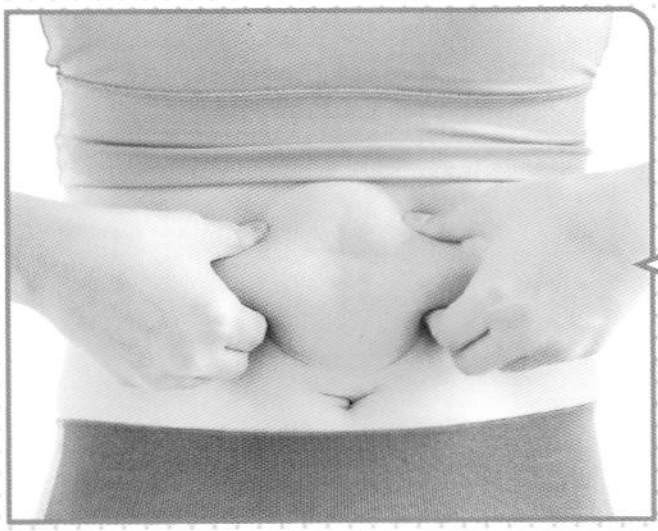

前からつまむ

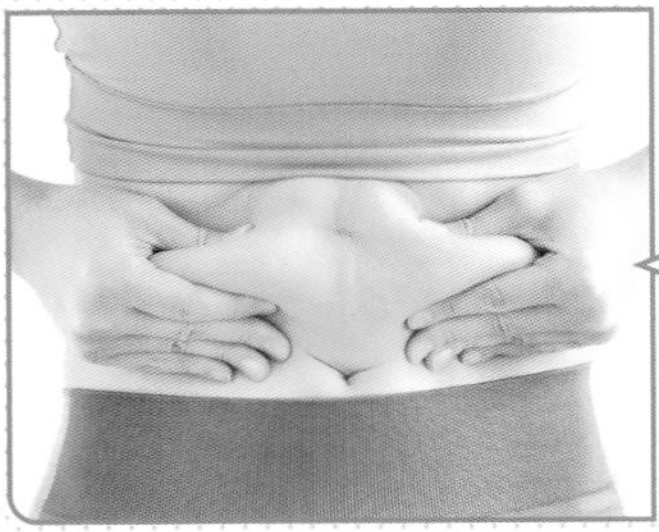

横からつまむ

指を曲げてつまむ

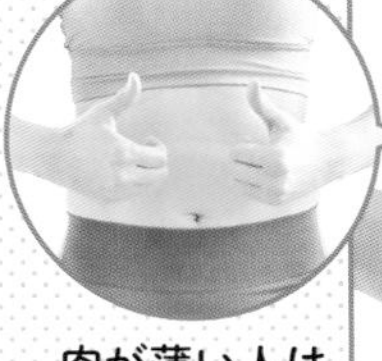

肉が薄い人はコレ!

つまみ方はお好みで!

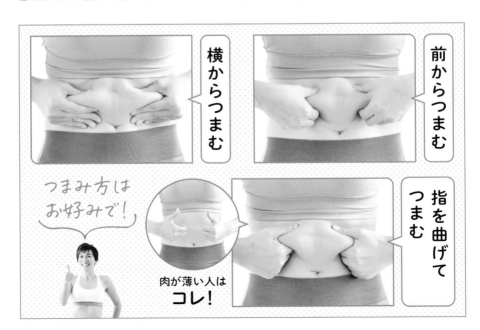

おなかを伸ばしにくい人は これでもOK!

片手を胸に当て 左右の手を引き離す

おなかを伸ばしているつもりで、体を反っているだけということも。慣れるまでは、片手を胸に置きましょう。「脂肪をつまんでいる手と胸の手を離す」と意識すると、おなかを伸ばせるようになります。

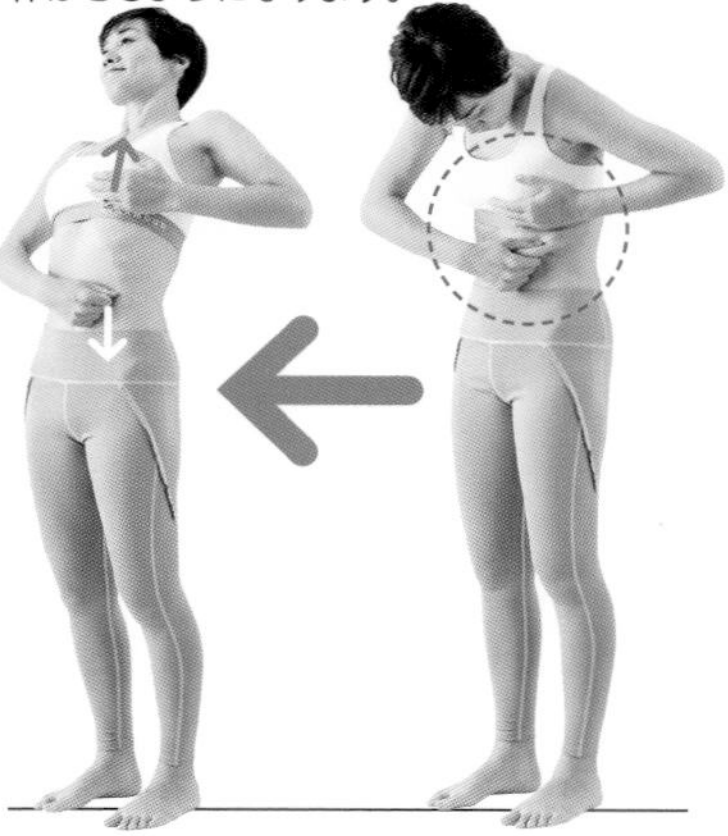

あごにタオルを入れ あごだけ上がるのを阻止

あごを上げているだけで、おなかを伸ばせていない人もいます。伸びが悪いと思ったら、あごにタオルを挟んでみるのも手。体を引き上げおなかを伸ばす感覚がつかめるはず！

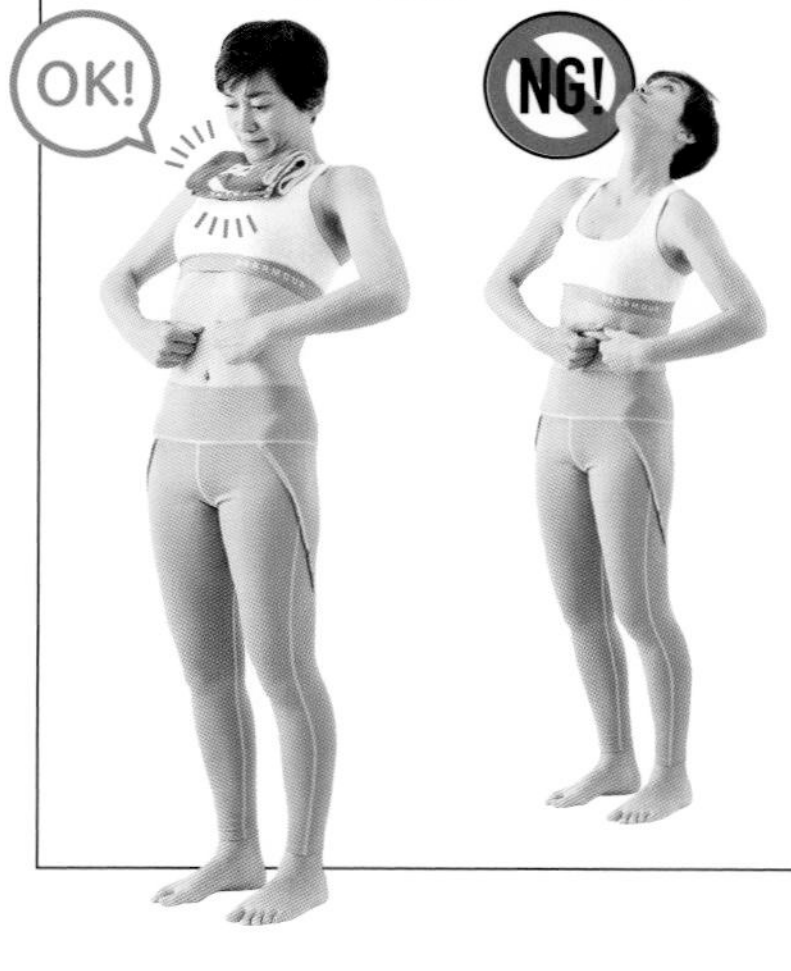
OK!
NG!

動画で確認！

大事！ 二次元コードを読みこむと解説動画が見られます。

3 脂肪をつまんだまま おなかを伸ばす

おなかをまんべんなくつまんだら、脂肪をつまんだまま体を引き上げおなかを伸ばします。**ペタンコくびれおなかはこの「伸ばし」が重要!**

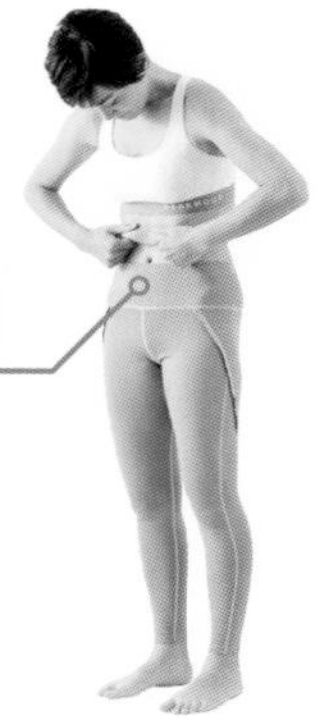

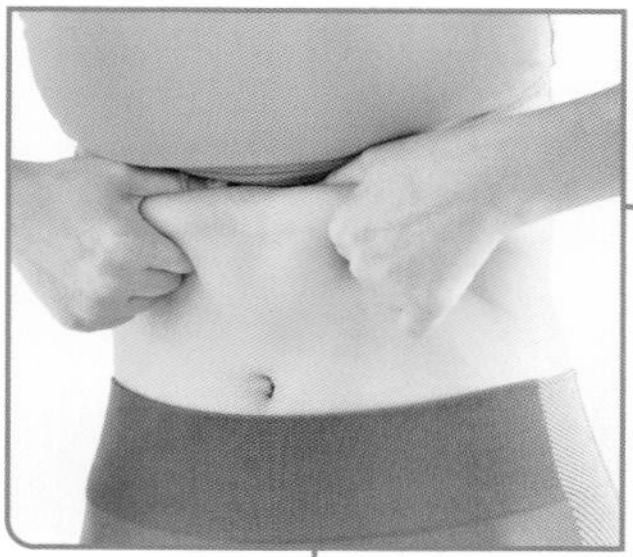

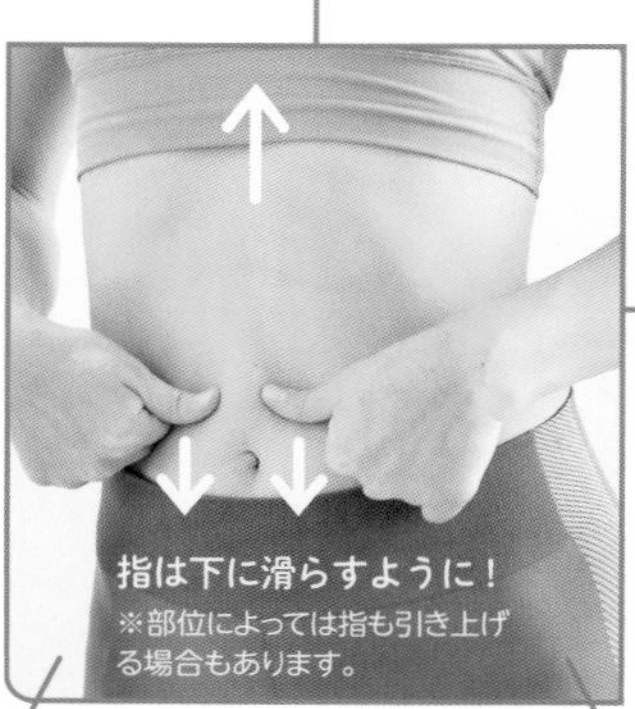
指は下に滑らすように！
※部位によっては指も引き上げる場合もあります。

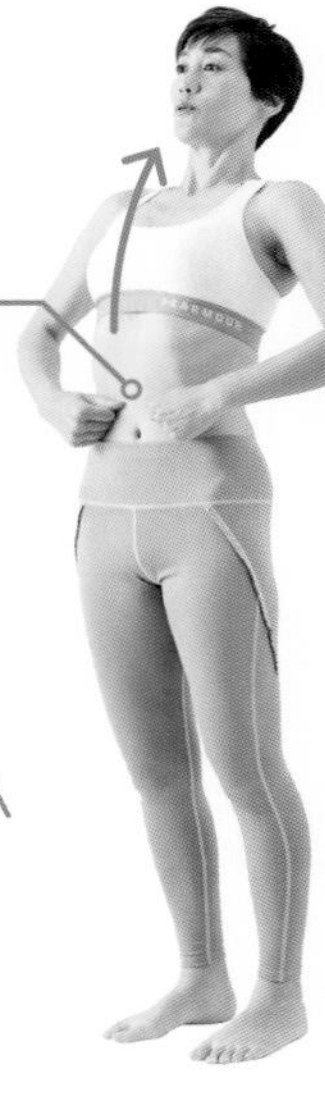

肉は外れてOK!

つまんだ肉から指が外れるくらい体を伸ばすのがポイント。外れても指はおなかから離さず、滑らせて。

つまぷるのコツ

コツをつかんで最短で腹ペタに

簡単な動きだからこそ、ちょっとしたコツが重要！
４つのコツをマスターしましょう。

コツ１ 脂肪は分厚くつまむ

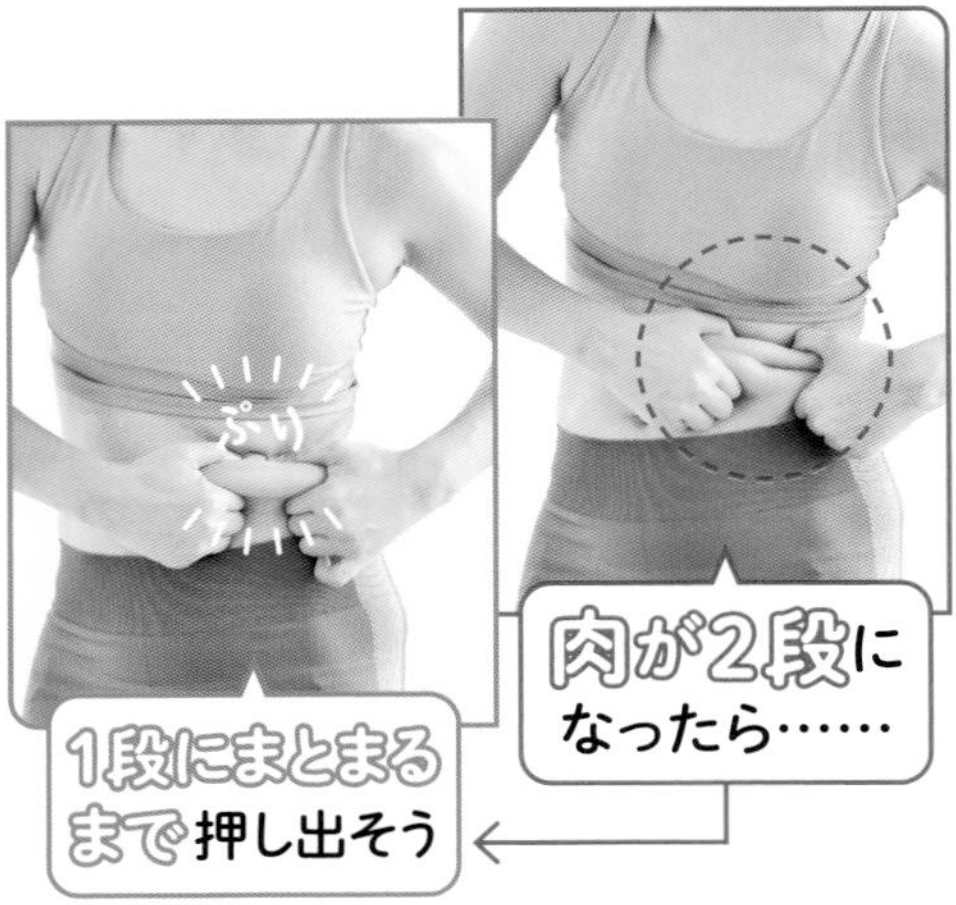
ぷり
肉が2段になったら……
1段にまとまるまで押し出そう

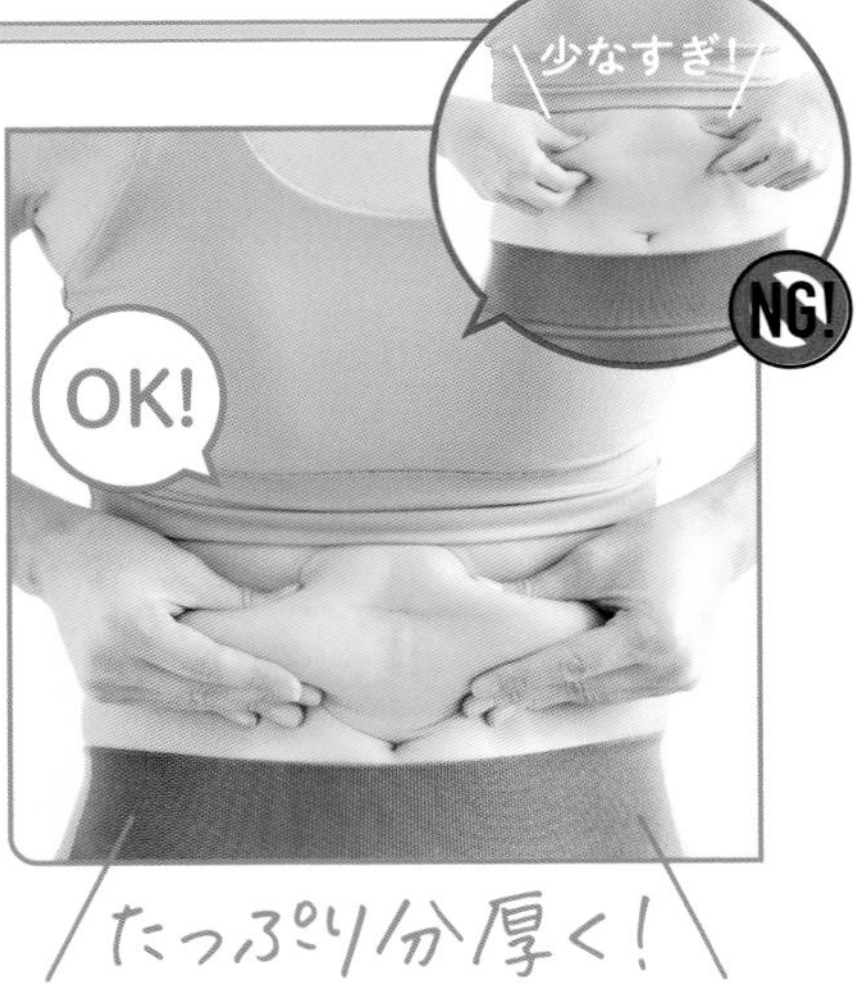
少なすぎ！
NG!
OK!
たっぷり分厚く！

つまぷるは、脂肪と筋肉の間にある筋膜をはがすのが狙い。表面だけつまんでも、筋膜に届きません。**指が脂肪の奥にある筋肉の層に当たるぐらい、脂肪をたくさん分厚くつまみましょう。**

コツ２ つまみにくいときは体を倒す

おなかが伸びていると、脂肪の層が薄くなりつまみにくいもの。つまみたい方向へ体を倒し、おなかを折り曲げればしっかりつまめます。

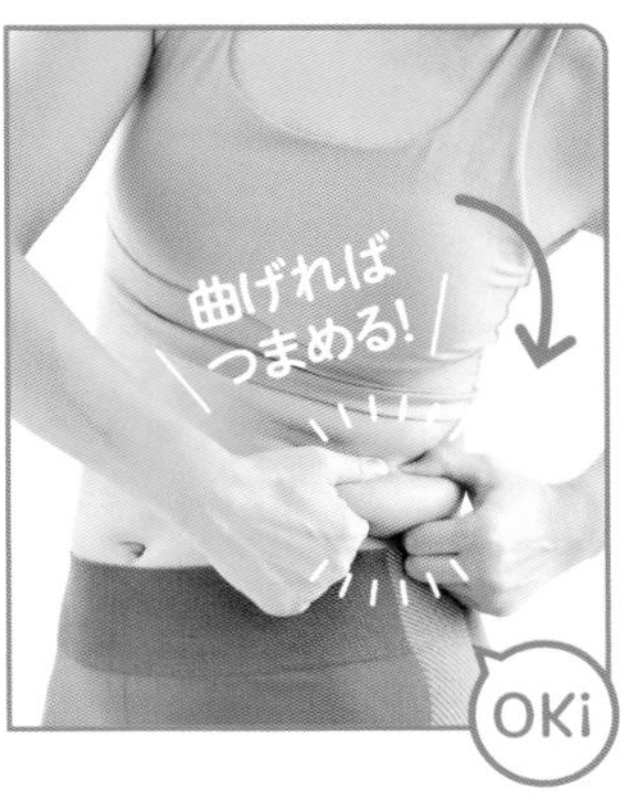
曲げればつまめる！
OK!

NG!
つまめない!?

コツ3 つまむ強さの目安は「大福からあんがハミ出さない」ぐらい

つまぷるは少々痛いですが、それは強くつまむからではなく、筋膜がはがれるから。脂肪をつねるように強くつまむ必要はありません。「大福からあんがハミ出さない」ぐらいを目安にやさしくつまんで。

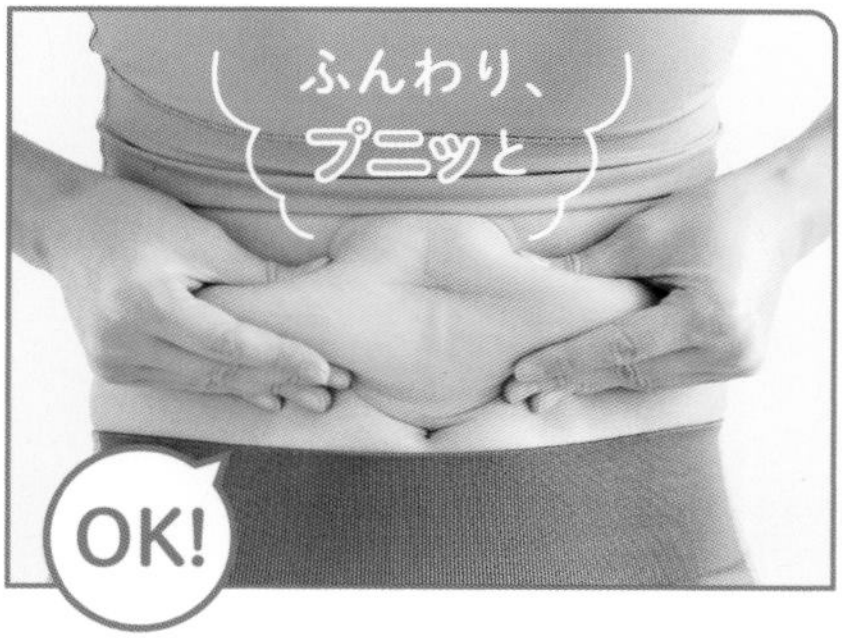
ふんわり、
プニッと
OK!

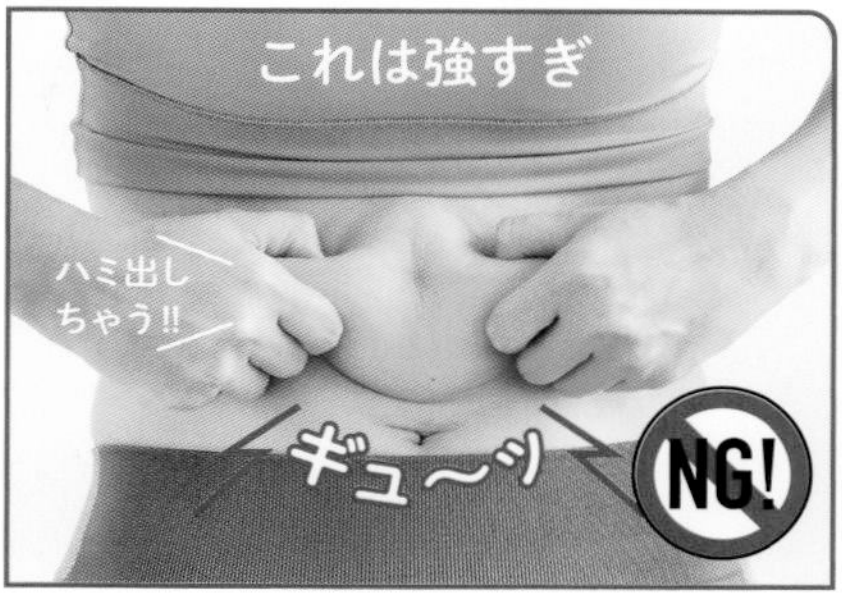
これは強すぎ
ハミ出しちゃう!!
ギュ～ッ
NG!

コツ4 つまぷるBefore → Afterを正面からチェックする

Before → Afterで体の動きやすさを比べるのもおすすめ!

つまぷるしたら倒しやすくなった♥

正面なら一目瞭然!
腹ペタになっている!

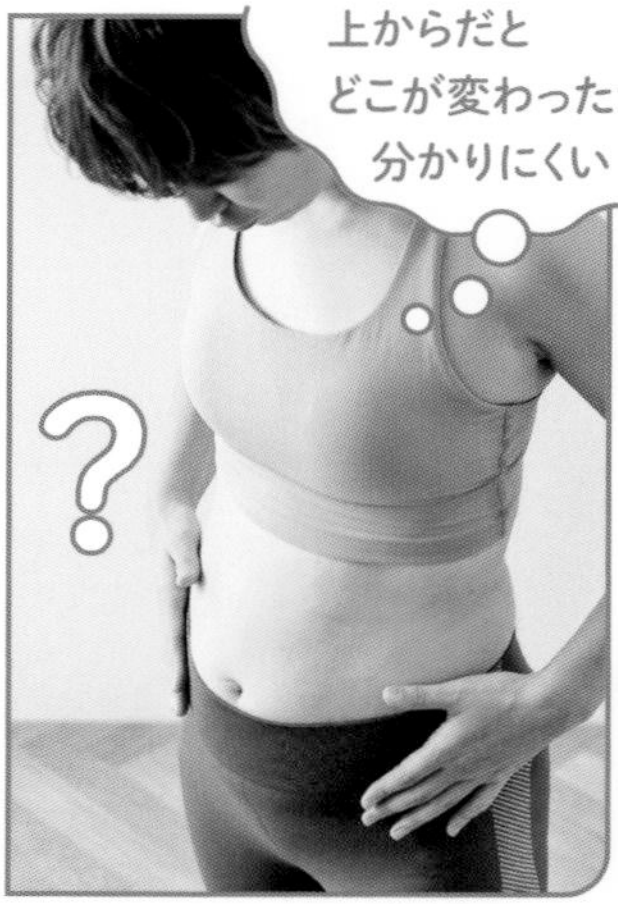
上からだとどこが変わったか分かりにくい
?

つまぷるは1回でおなかがへコみます。ただし、上から自分のおなかを見ても分かりにくいでしょう。鏡で正面から見れば、くびれやおへその形など変化がくっきり!　写真を撮り、変化をチェックするのもおすすめです。

Week-1：Menu

- [ ] 01 おなかドームならし
- [ ] 02 みぞおちはがし
- [ ] 03 腰肉はがし

食事ミッション

粉ものハーフチャレンジ

目標

つまぷるを習慣化！ むくみを取って引きつれ筋膜をはがす

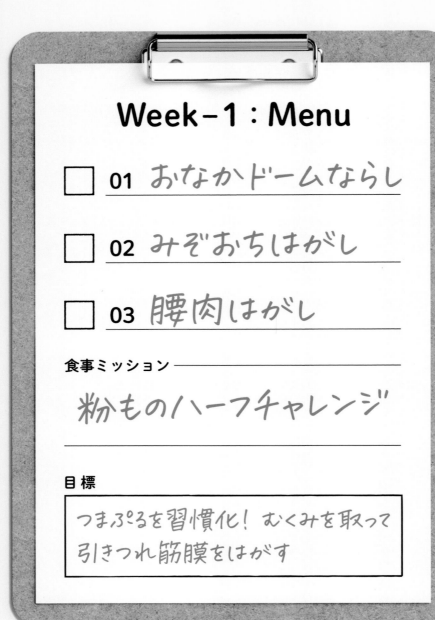

第1週

1週目に行う3種目は、つまぷるの超基本。全部通して行っても、時間はわずか7分と、とても手軽にできます。1週目の狙いはつまぷるに慣れ、つまぷるを習慣化すること。歯磨きや朝の身支度のように、つまぷるを日常生活に取り込んでください。お風呂や寝る前にもつまぷるしやすいよう、寝ながらできるバージョンも紹介します！

並行してトライしてほしい食事ミッションは、小麦粉食品を半分に減らす「粉ものハーフチャレンジ」。小麦粉によるむくみでおなかがパンパンに張っていた人は、つまぷると粉もののハーフの1週間で、別人のようなペタンコおなかに変わります。スタートダッシュでモチベーションを上げていきましょう。

おなかドームならし

Week
1
01

最初はつまぷるしたくても、おなかが硬くてつまめない人も多いんです。まずは硬くなっているおなかをフワフワにほぐしましょう。

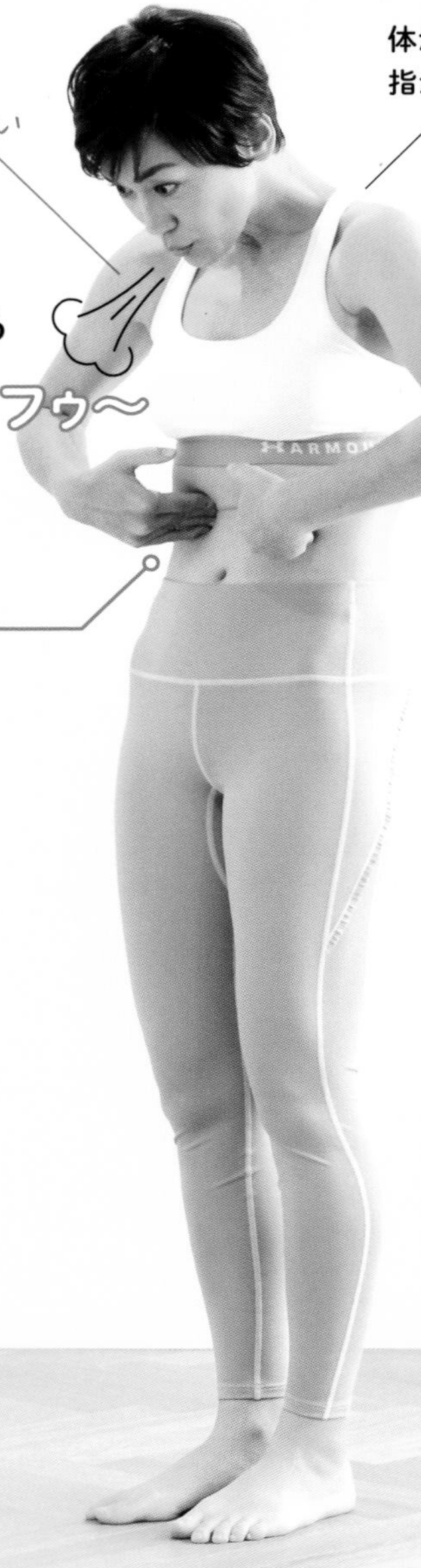

息を吐くと
指を入れやすい
体が伸びていると
指が入らない！
丸めよう
フゥ〜

1 体を丸めてフーッと息を吐きながらおなかに指をさし入れる

人さし指から小指の4本指をおなかにさし入れます。

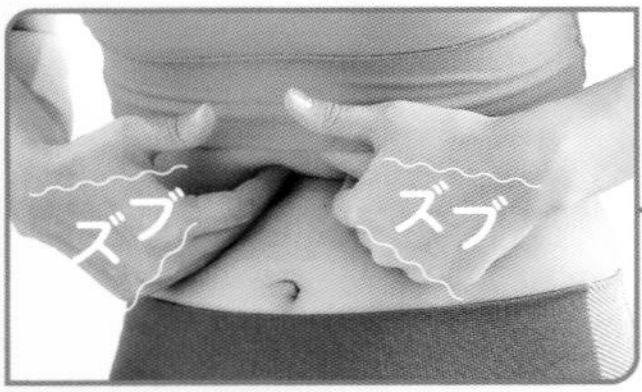

ズブ
ズブ

爪ではなく指の腹を当てよう

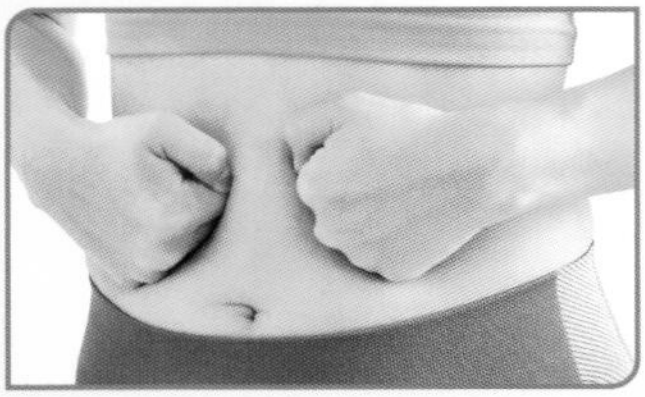

指が入らなかったらグーで押してもOK!

ココ!

刺激するのは
おなか全体

POINT

おなかのドームの
空気を抜いて
平らにならす
イメージで！

2 指をさし入れたまま ゴシゴシ動かす

1分

奥の硬いところまで、深く指をさし入れたままゴシゴシ動かします。場所を変えながら、1分続けましょう。

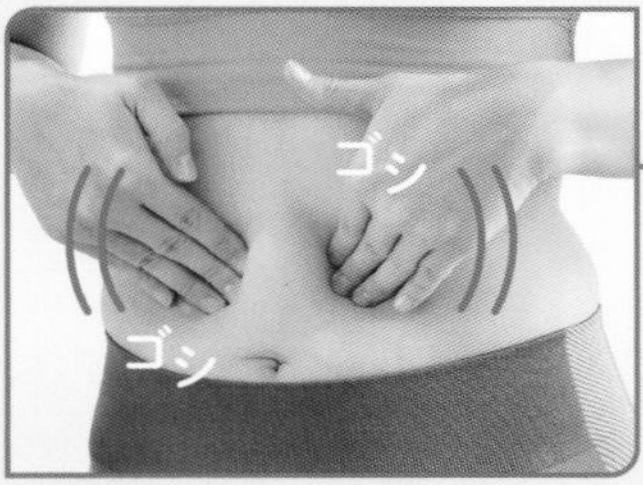

指を入れて上下に5、6回ゴシゴシ

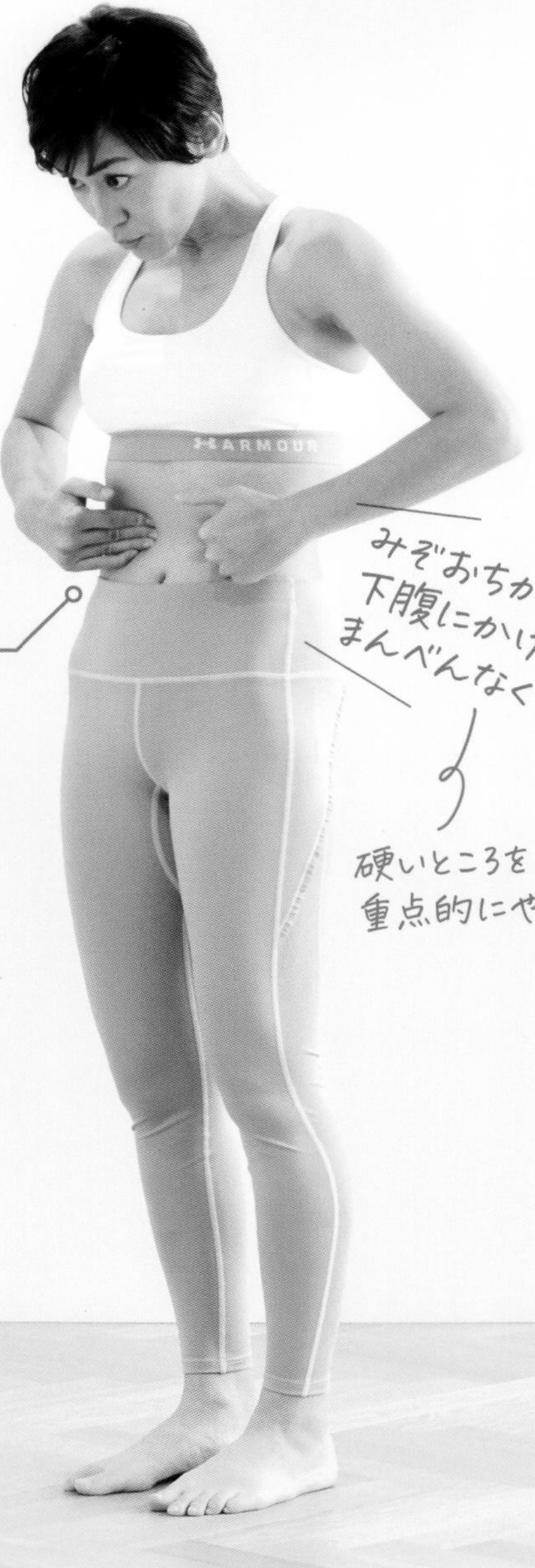

みぞおちから
下腹にかけて
まんべんなく

硬いところを
重点的にやろう

動画で確認！

みぞおちはがし

Week 1

02

猫背の人はみぞおちからおへその間が硬く縮んでいます。
ここに腹肉がつくんです。胃からぽっこり出ている人には特に効果あり！

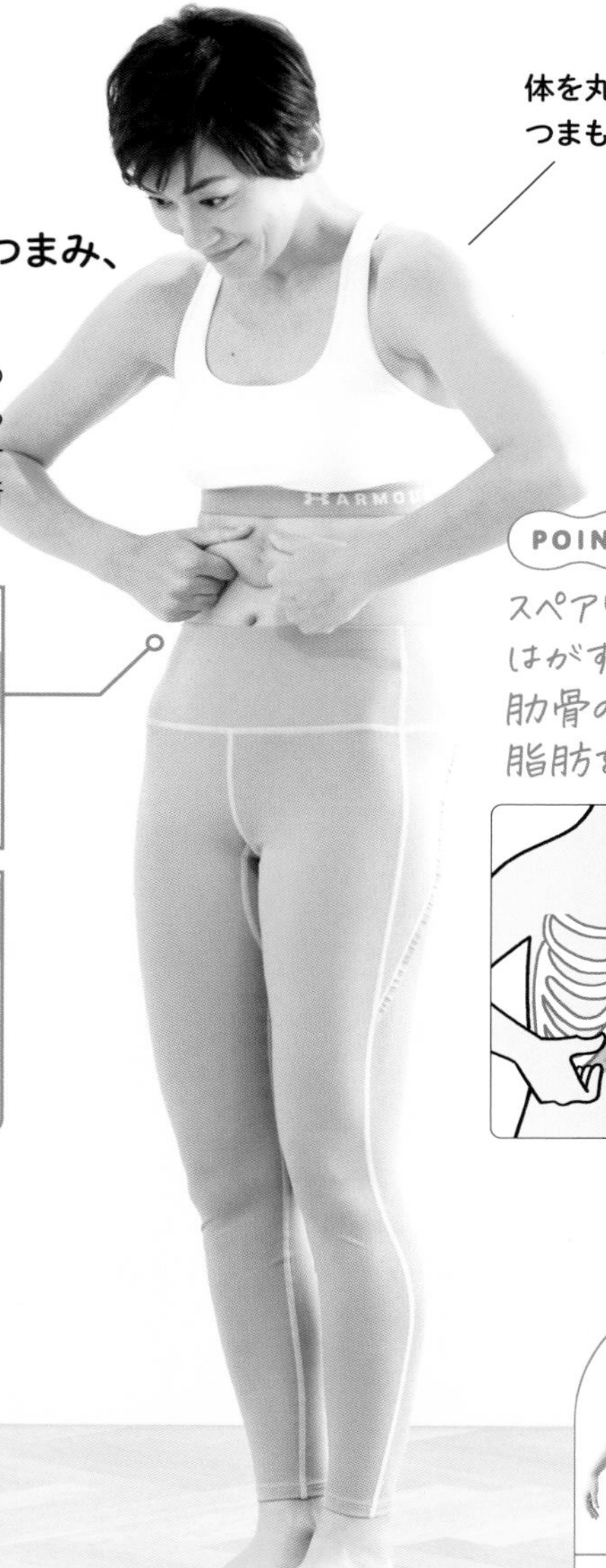

体を丸めて
つまもう

1 体を丸めて みぞおちの脂肪をつまみ、ぷるぷる揺らす

1分

みぞおちの脂肪を集めてつまみ、ぷるぷる上下に揺らします。脂肪はできるだけたくさん集めましょう。場所を変えながら1分続けて。

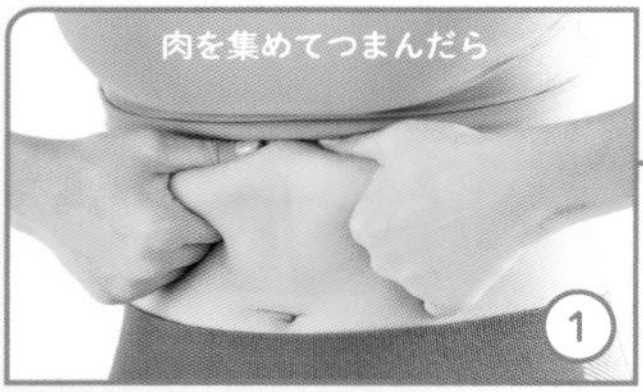

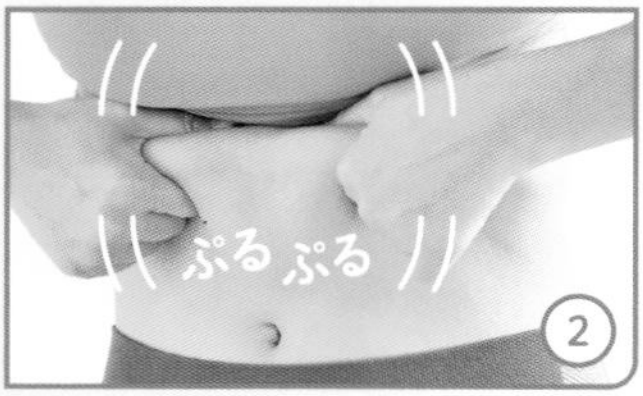

POINT

スペアリブの肉をはがすように、肋骨の際から脂肪を集めよう

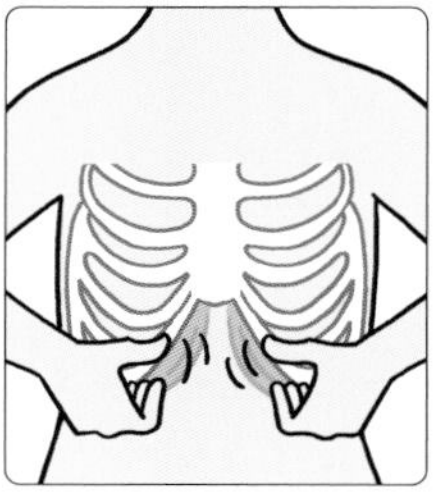

刺激するのは
おなか上部

2 脂肪をつまみ、そのまま……

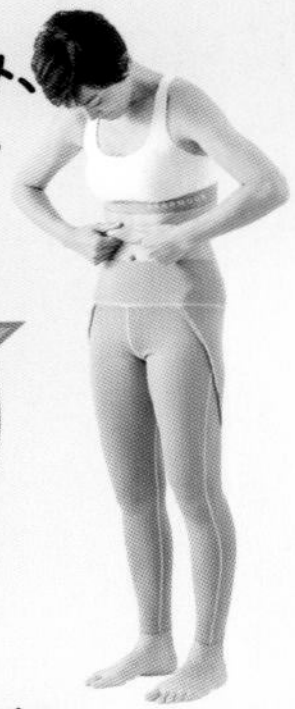

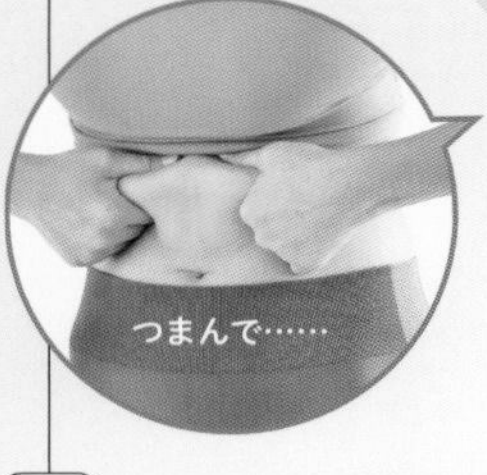

3 体を引き上げる

1分

みぞおちとおへそを離すように、体を伸ばします。このとき脂肪をつまんでいた手は親指を滑らせるように下げること。少しずつ場所を変えて1分続けましょう。

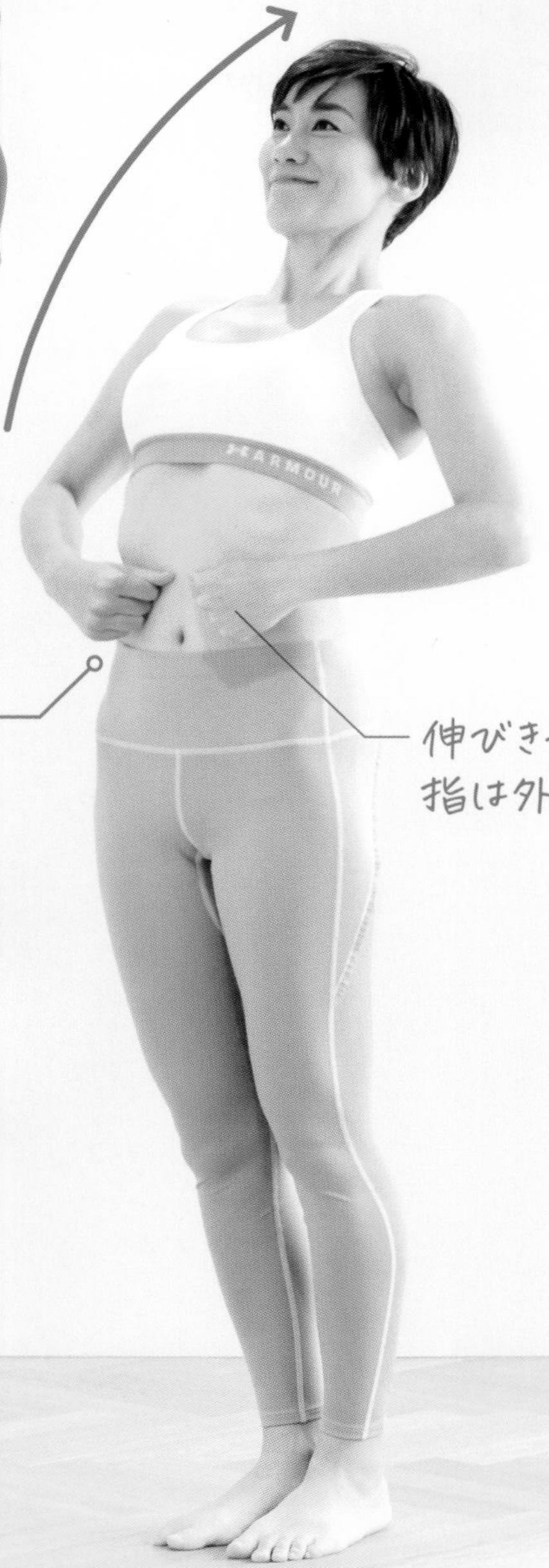

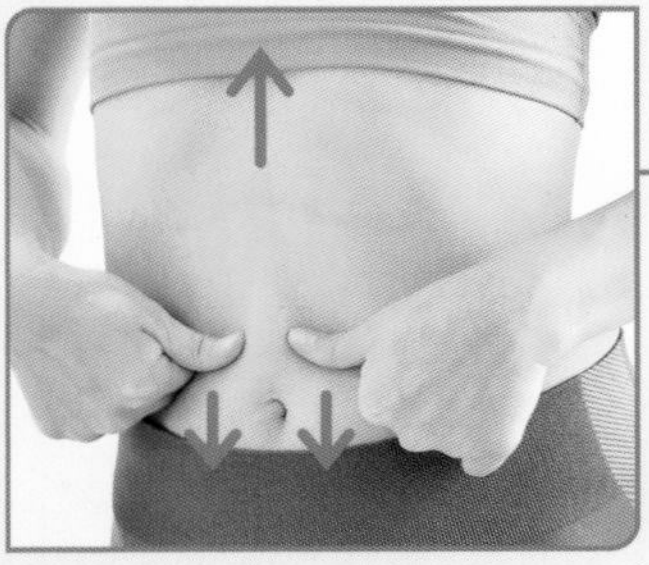

体を引き上げながら親指を下に滑らせる

NG!

あごだけ上げない

あごだけ上げたり、上体ごと倒してしまうと**おなかが伸びません。**タオルをはさむのがおすすめ!**(P.35参照)**

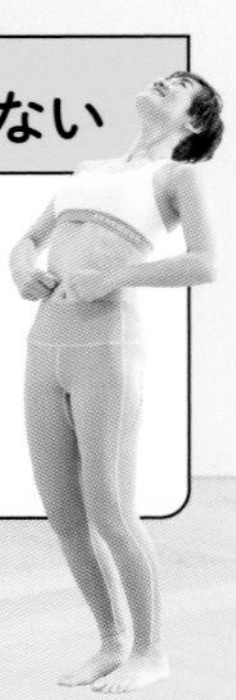

動画で確認!

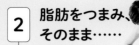

腰肉はがし

Week 1

03

腰骨の上の筋膜が引きつれていると、わき腹を動かしにくく、ここに肉がつきます。引きつれをはがせば、くびれが復活！

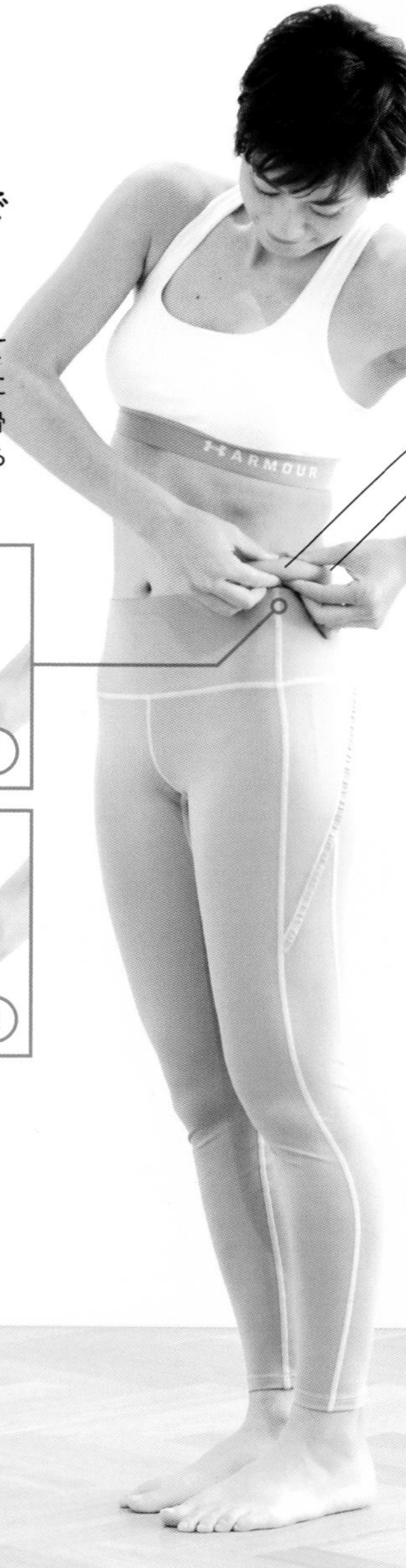

体を倒して
脂肪を集めよう

背中側の
腰肉も刺激

1 腰の肉をつまんで ぷるぷる揺らす

1分

両手で左の腰肉を集めてつまみ、ぷるぷる上下に揺らします。腰から肋骨まで、場所を変えながら左サイドを1分続けて。

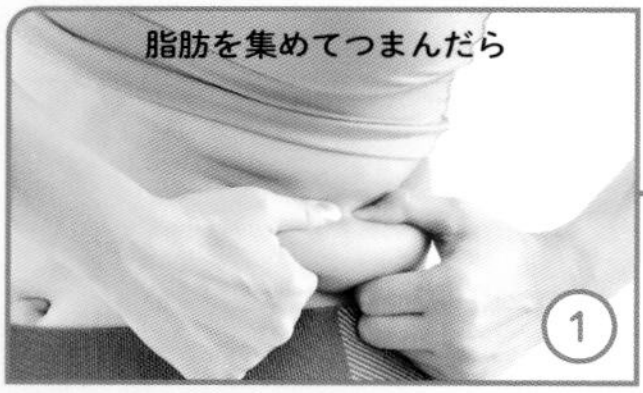

POINT

腰骨から脂肪をはがし取ろう

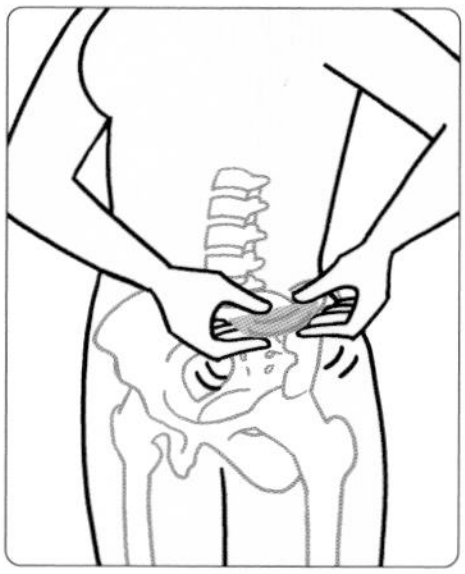

刺激するのは
わき腹

2 脂肪をつまみ、そのまま……

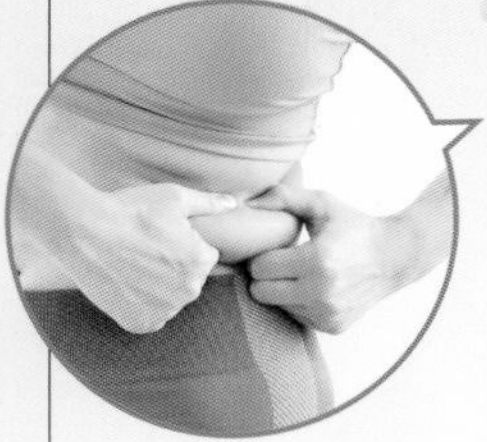

3 体を右に倒す

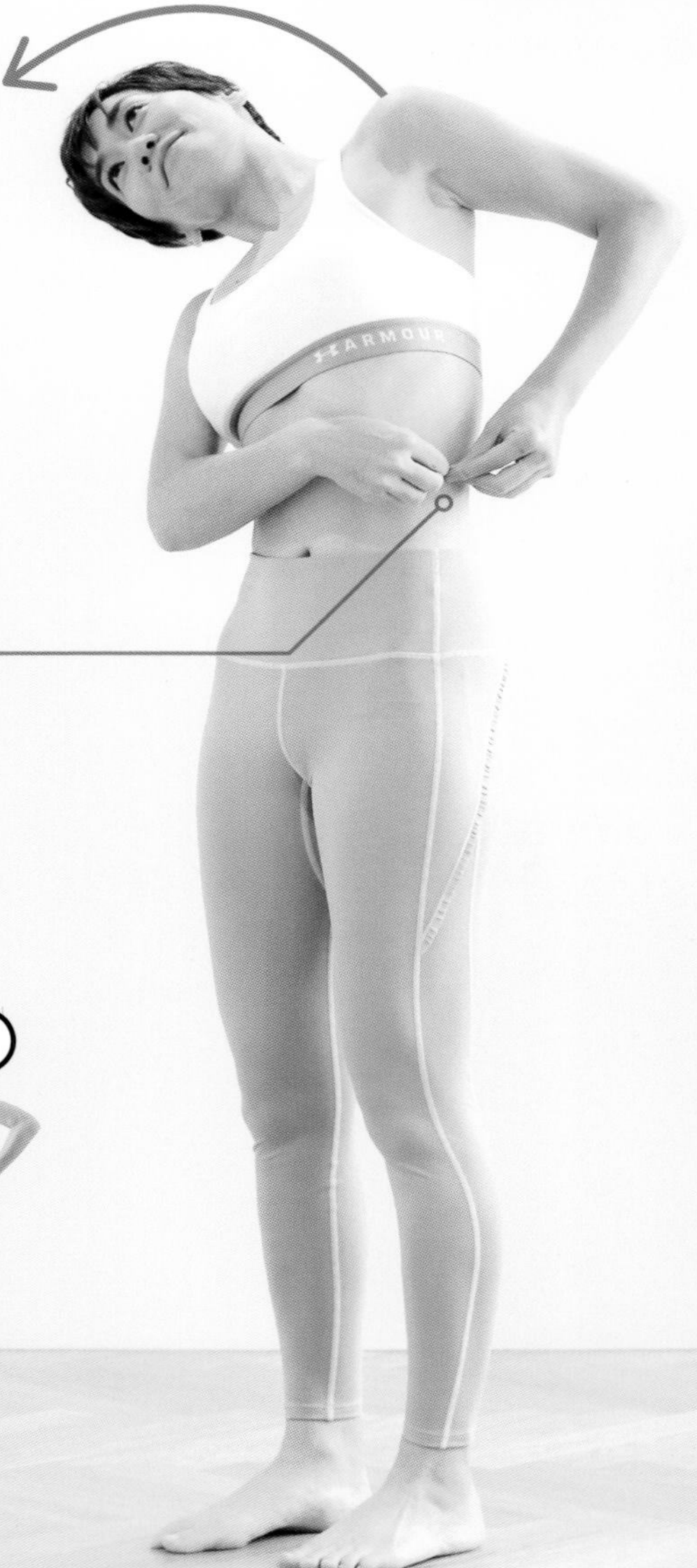

1分

集めた脂肪を持ち上げながら、骨盤と肋骨を離すように、体を右に倒します。少しずつ場所を変えながら1分続けたら、左右を変えて1～3を同様に行います。

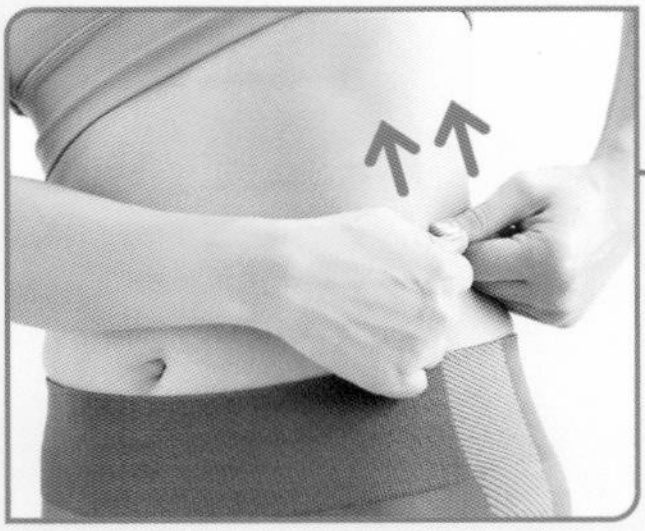

体を倒しながら、脂肪を持ち上げる

NG!

頭だけ倒さない

どんなに脂肪がある人も、体を倒してサイドを伸ばせば、必ず指から脂肪が外れます。脂肪が外れない人は、**頭だけ倒していないか確認を！**

動画で確認！

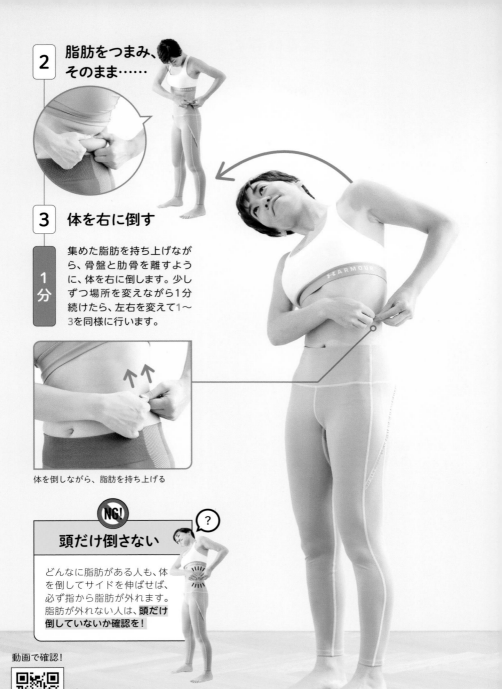

Week1のつまぷるは寝たままやってもOK!

おなかドームならし

Week
1
01

[寝ながらバージョン]

Week 1の3種目は、つまぷるの超基本。
寝る前や起きてすぐ、ゴロゴロテレビを見ながらなどいつでもやりやすい、
寝ながらバージョンを紹介します!

1 うつぶせになり おなかに拳を当てる

うつぶせに寝て、手をグーにしておなかに当てましょう。

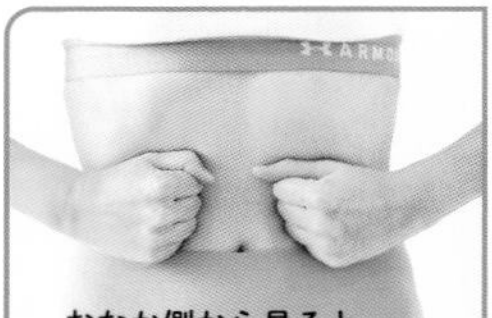

おなか側から見ると……

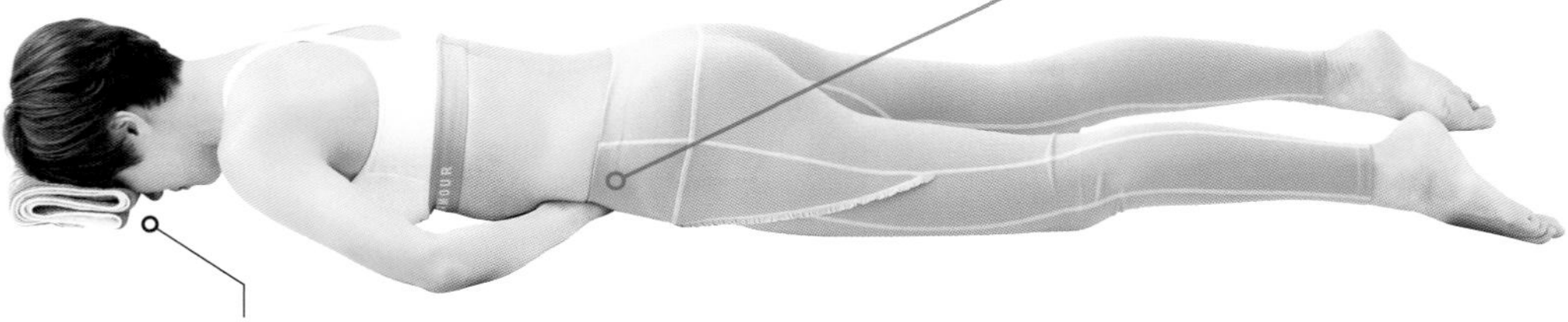

タオルを敷くと
おでこが痛くない

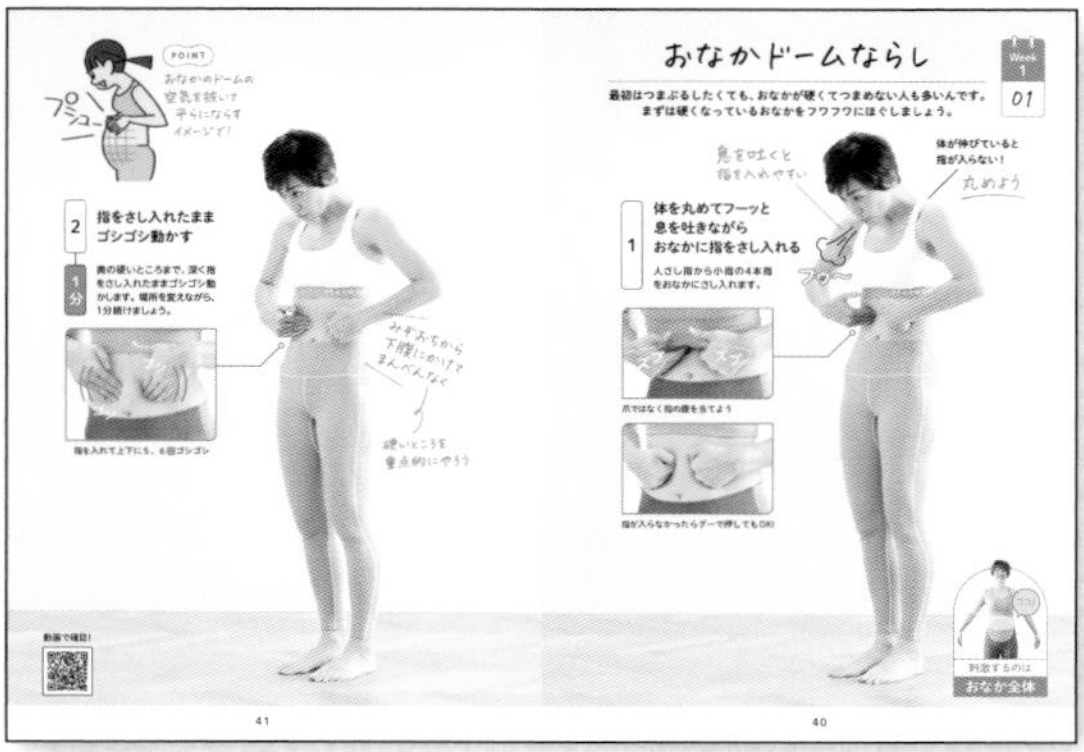

[立ったままバージョン(P.40)]

(P.40)

刺激するのは
おなか全体

2 ひざを立てて左右交互に足を倒す

1分

ひざを曲げ、足先を左右交互に倒します。5往復ごとにグーの位置を変え、おなかをまんべんなくほぐしましょう。

足を動かすとおなかが刺激されることを感じて

3 おなかに指をさし入れてゴシゴシ動かす

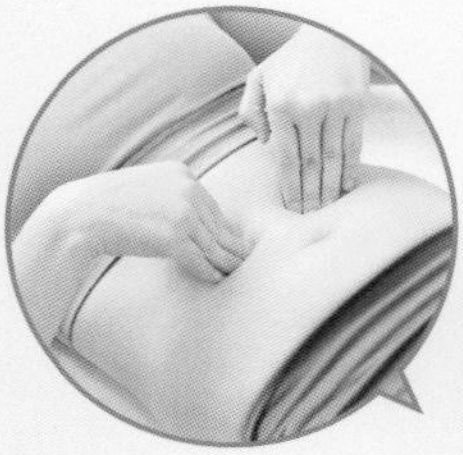

1分

あおむけになり、おなかに両手の指を差し入れます。そのまま上下に5、6回、ゴシゴシ動かしましょう。場所を変えながら、1分続けます。

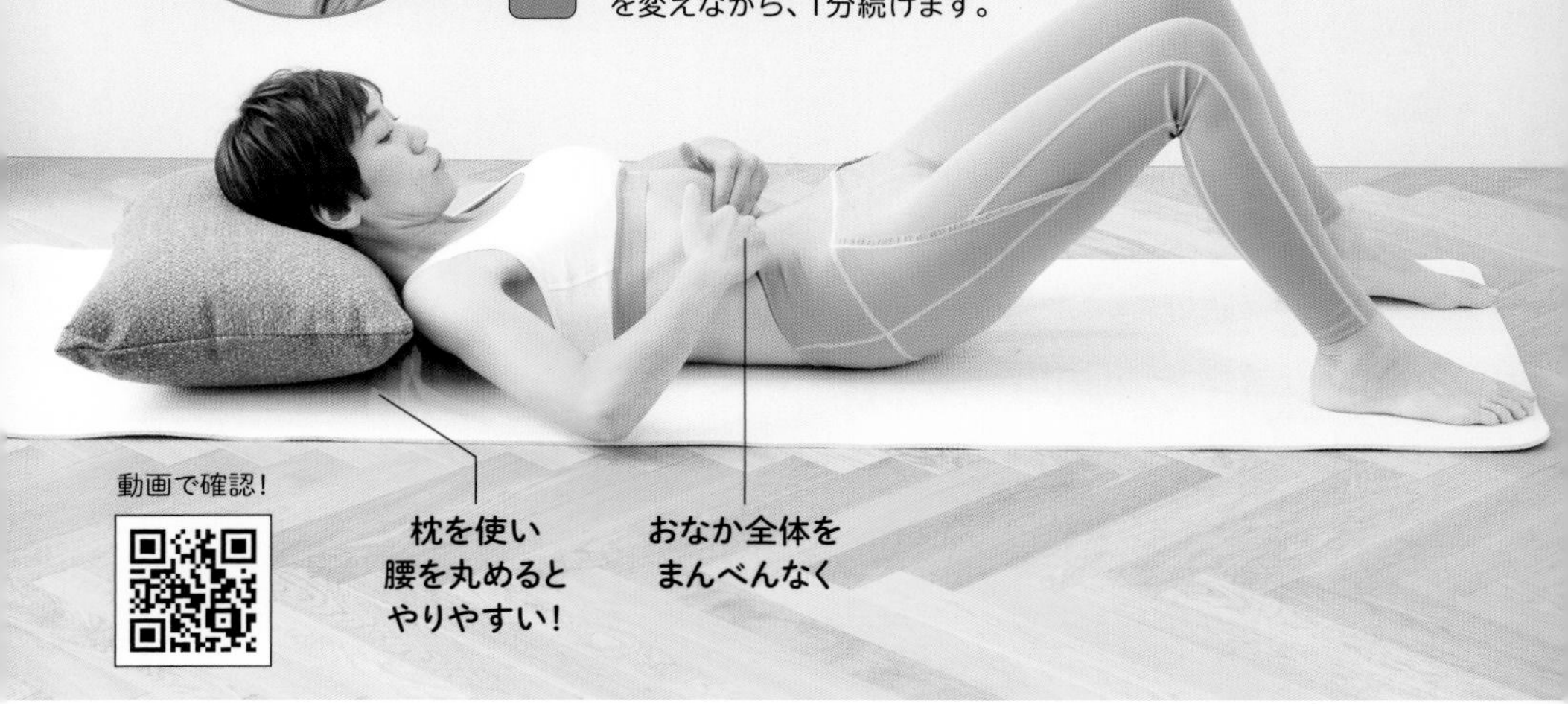

動画で確認！

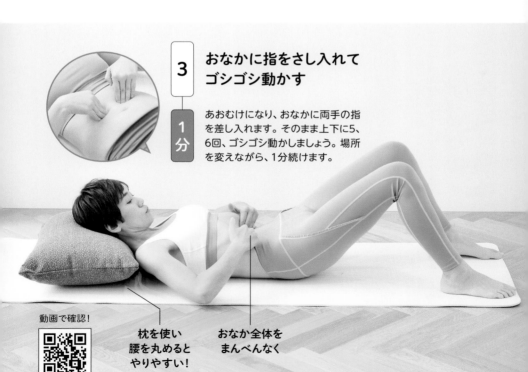

Week1のつまぷるは寝たままやってもOK!

みぞおちはがし

Week 1 02

［寝ながらバージョン］

立って体を丸めるより脂肪をつまみにくいかもしれません。枕を使って腰を丸めると、脂肪をしっかりとつまむことができます！

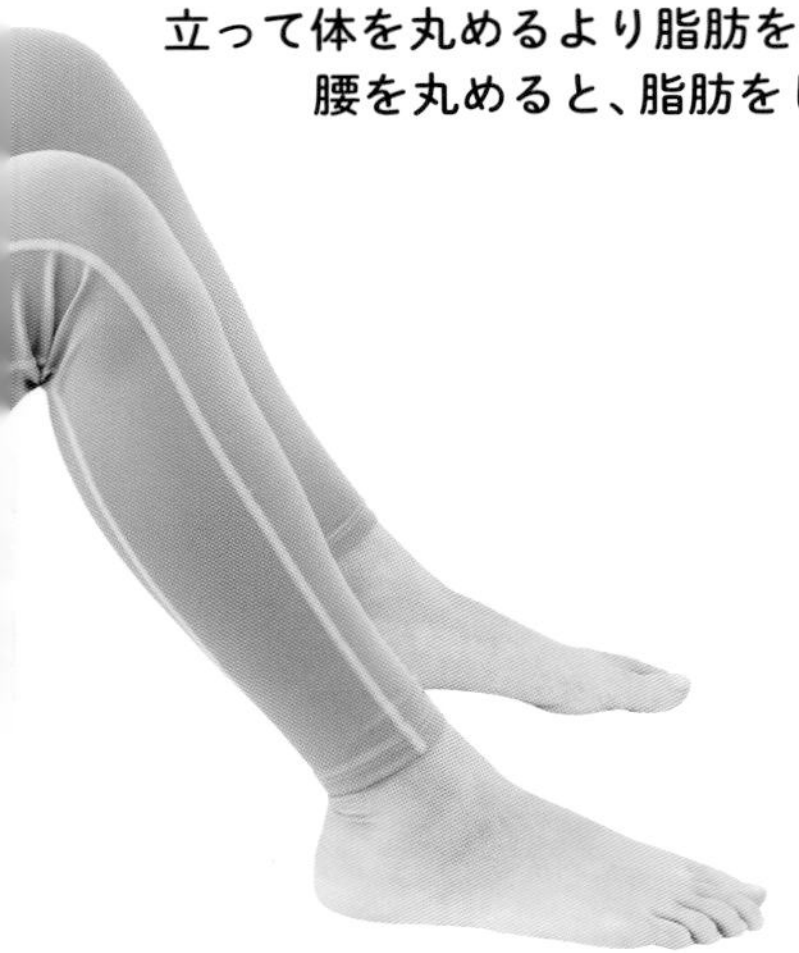

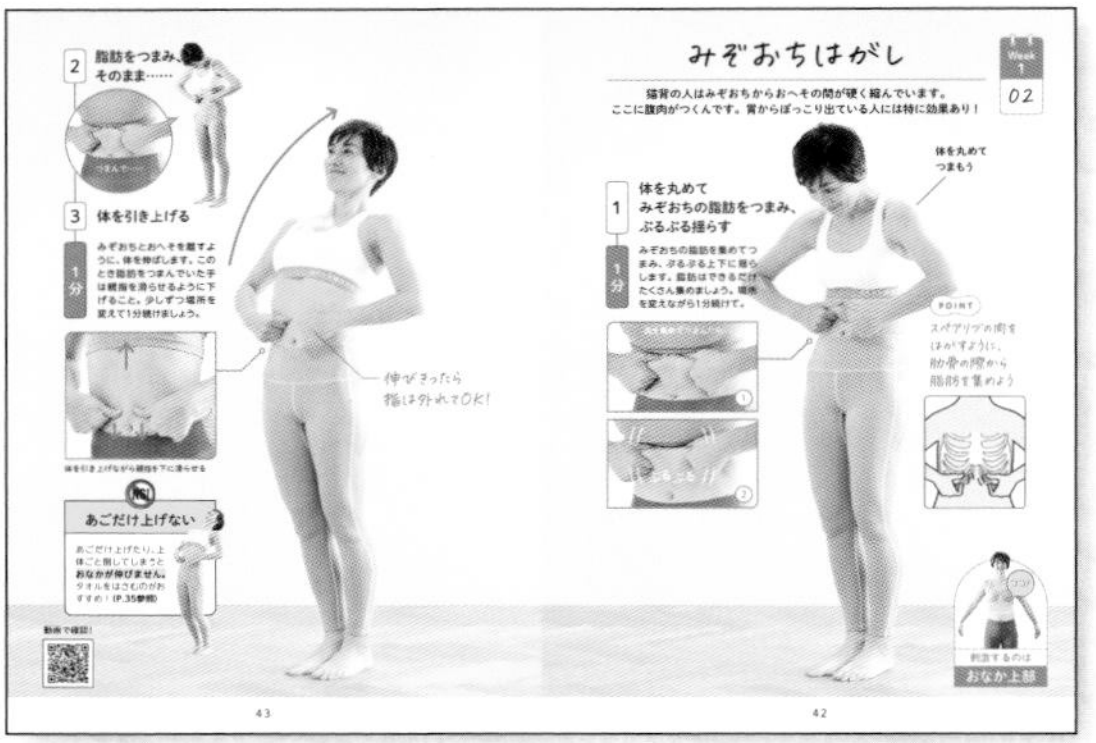

［立ったままバージョン（P.42）］

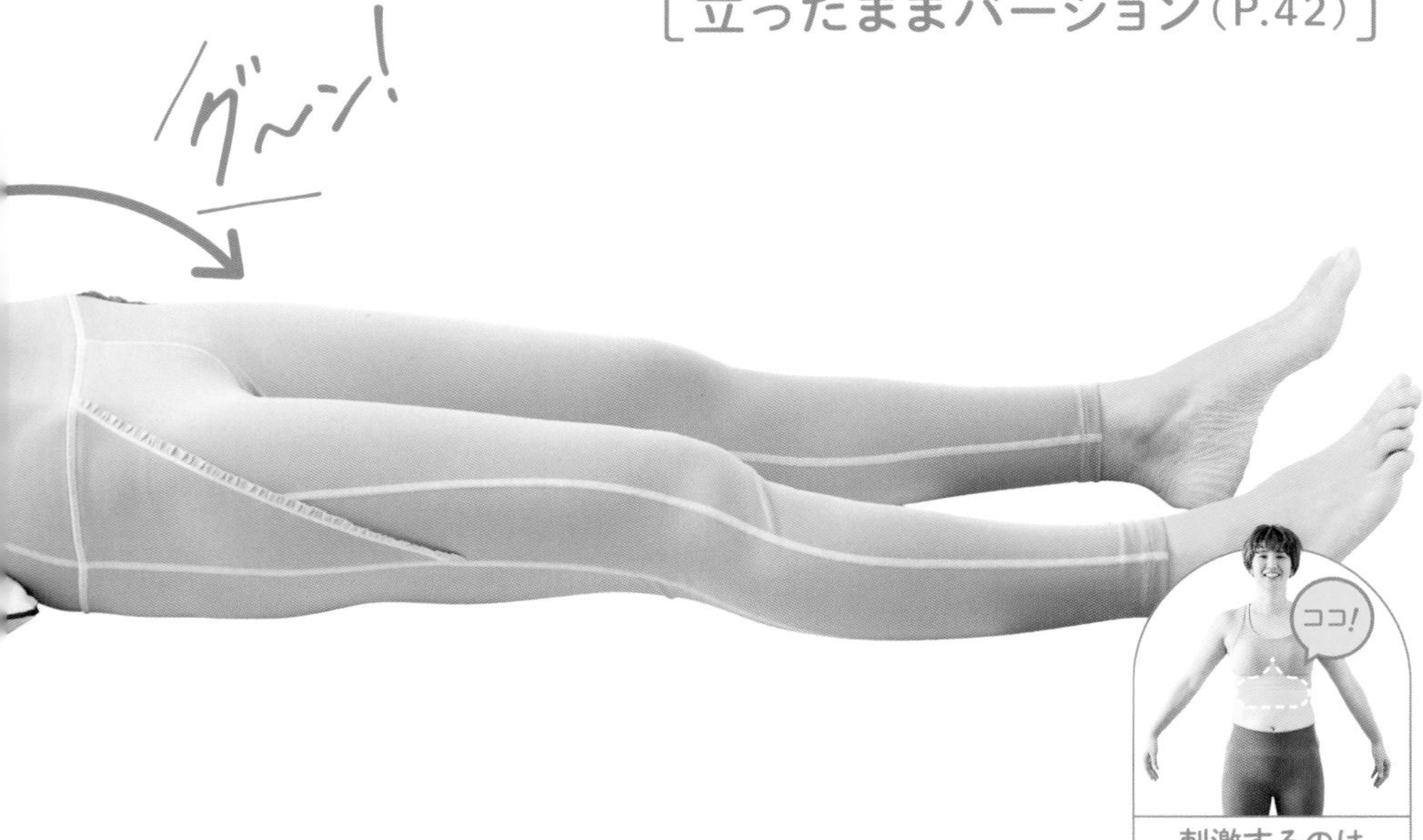

刺激するのは

おなか上部

1 あおむけになり みぞおちの脂肪を つまぷるする

1分

あおむけになり、ひざを立てます。みぞおちの脂肪を両手で肋骨からはがすようにつまんでぷるぷる揺らしましょう。少しずつ位置を変えながら1分続けます。

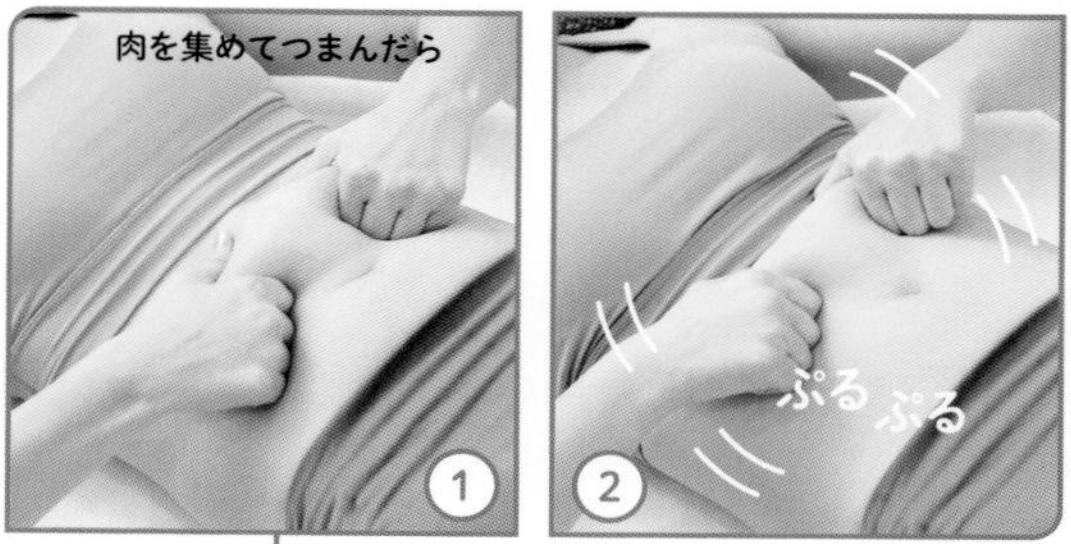
肉を集めてつまんだら
ぷるぷる
1
2

枕を使い腰を丸めよう

2 ばんざいして おなかを伸ばす

1分

両手は頭の上に、足はひざを伸ばして全身で大きくばんざいして深呼吸します。おなかが伸びていることを感じながら10秒キープしましょう。

フゥ〜
深呼吸しながら
手はできるだけ遠くに
クッションを入れると
おなかが伸びやすい

動画で確認！

Week1のつまぷるは寝たままやってもOK!

腰肉はがし

Week
1
03

[寝ながらバージョン]

寝ながらの腰肉はがしは、わき腹を伸ばしにくいのが難点。
立てたひざを反対側に倒すことで、伸ばしやすくなります。

1 腰の脂肪をつまんでぷるぷる揺らす

1分

あおむけになり両ひざを立てましょう。そのまま両手で右の腰肉を集めてつまみ、ぷるぷる揺らします。腰から肋骨まで、場所を変えながら1分続けて。

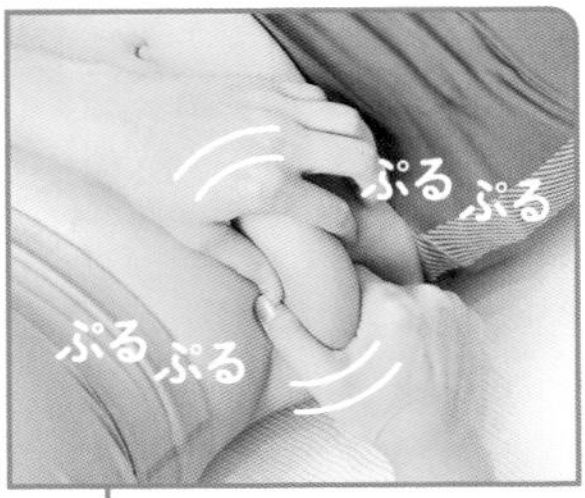

つまみにくいときは
上体を少し右に曲げる

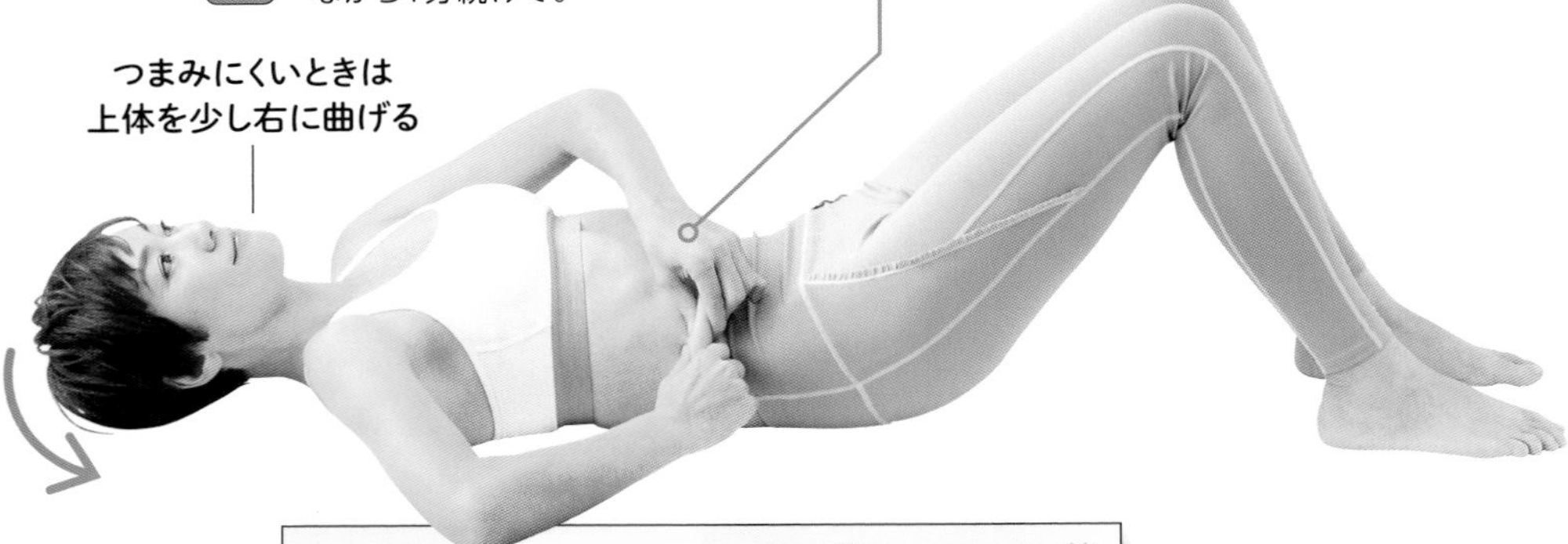

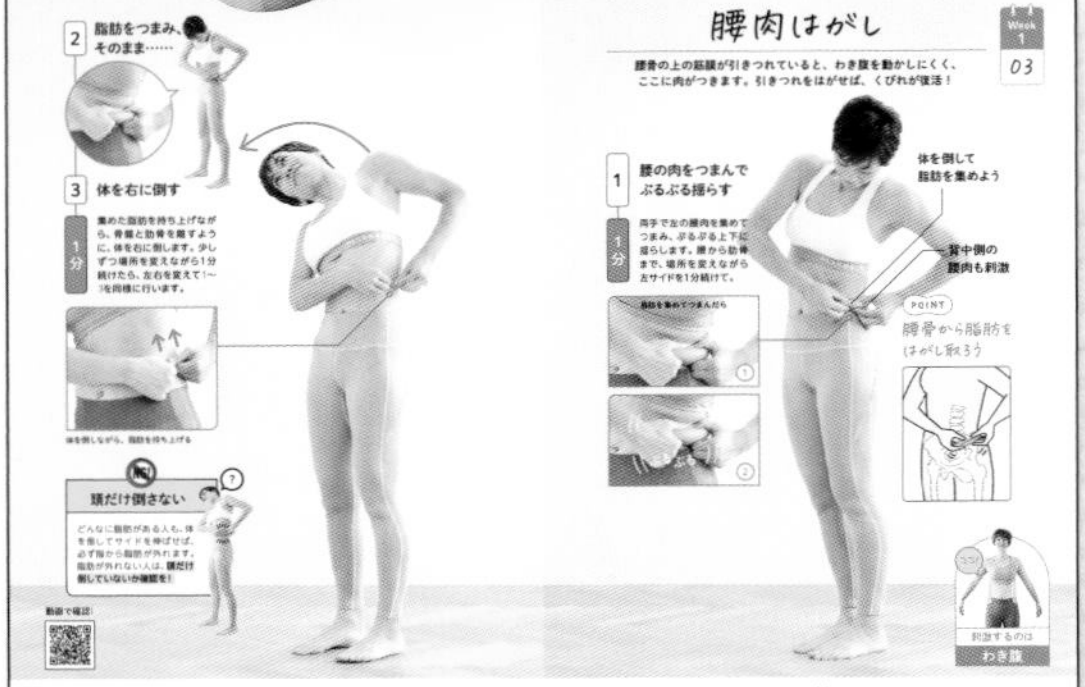

[立ったままバージョン(P.44)]

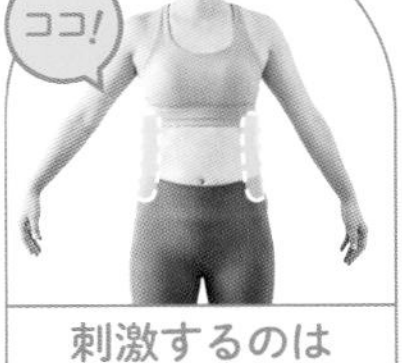

刺激するのは
わき腹

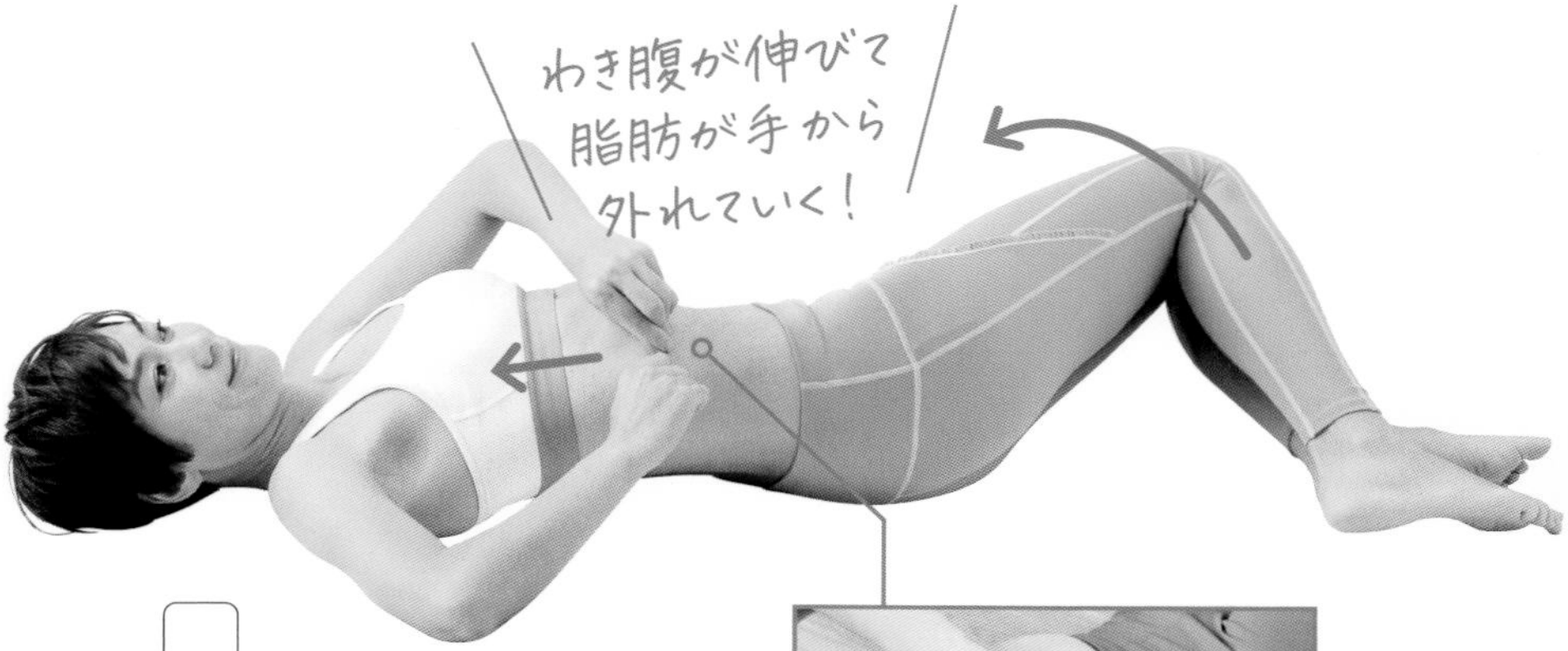
わき腹が伸びて
脂肪が手から
外れていく!

2 ひざを左に倒しながら手を上に滑らせる

1分

肉をつまんだまま、両ひざを左に倒します。同時に手を上に滑らせましょう。少しずつ場所を変えながら1分続けたら、左右を変え同様に行います。

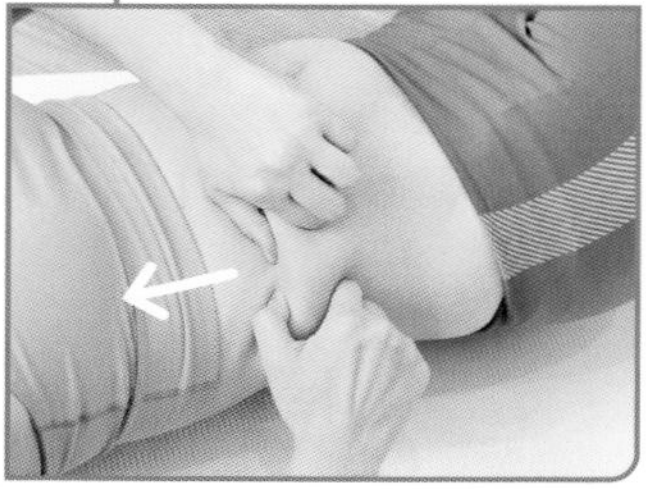

3 ばんざいして体の右サイドを伸ばす

左右各1分

右手は頭の上に、右足はかかとを遠くに押し出しながら伸ばして、体の右側を伸ばしましょう。深呼吸しながら1分伸ばしたら、左右を変え、同様に行います。

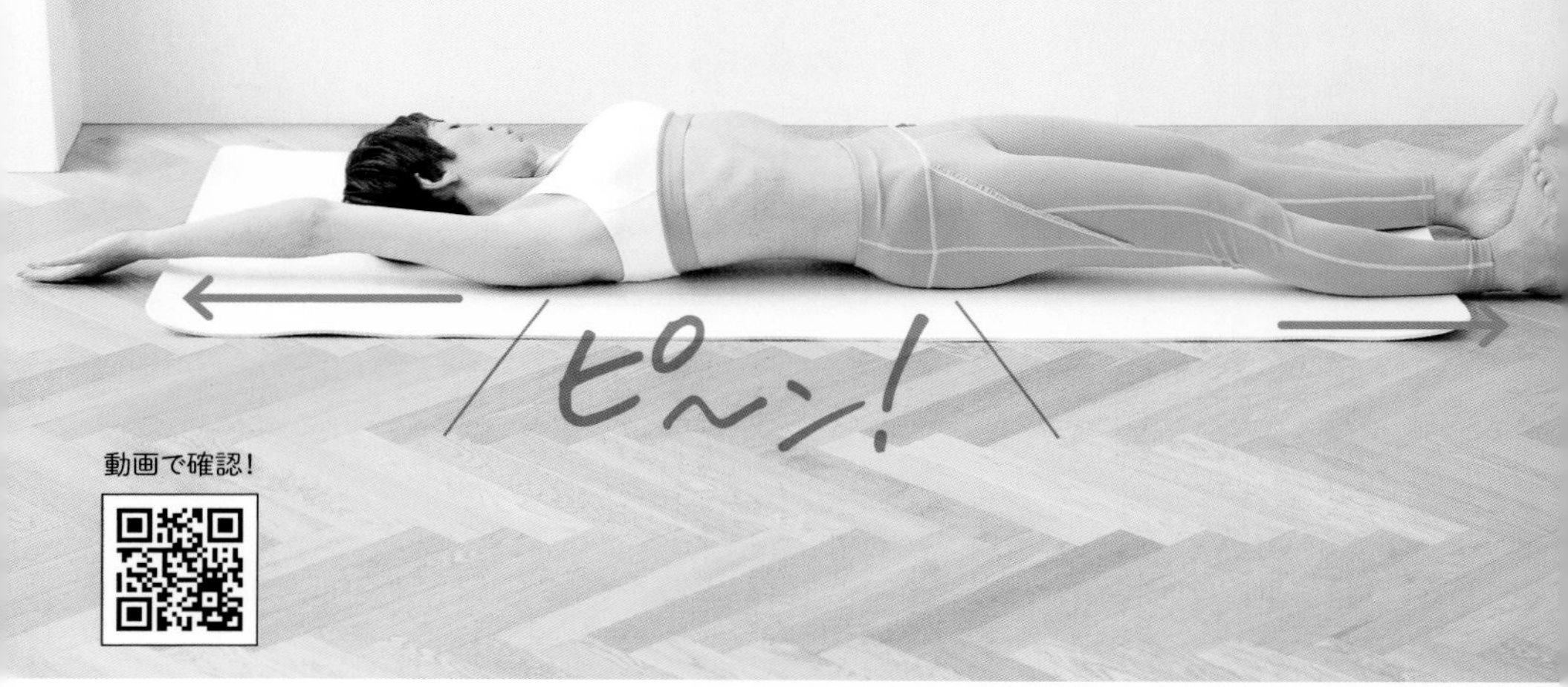
ピ〜ン!

動画で確認!

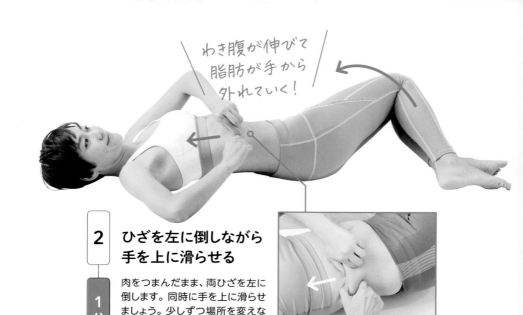

食事
ミッション

Week-1：Mission
【粉ものハーフチャレンジ】

小麦粉製品ハーフカットでパンパンおなかを一気にへコませる

小麦粉製品が腸にダメージを与えている

食事のチョイスでまず取り組んでほしいのが、小麦粉製品の摂取を控えること。**控えるのは糖質全般ではなく、小麦粉製のものだけです。**

なぜ小麦粉を減らすとよいのか。私たちの体は、パンや麺など加工された小麦粉食品を消化、吸収するのが苦手。そのため腸に少しずつ負担がかかっています。その結果、代謝が落ちたり、体が冷えたりおなかがむくんだりしやすくなるそうです。

小麦粉製品を食べても元気という人でも、小麦粉ハーフカットをしてみると、おなかのむくみが取れてスーッとやせるのを見てきた

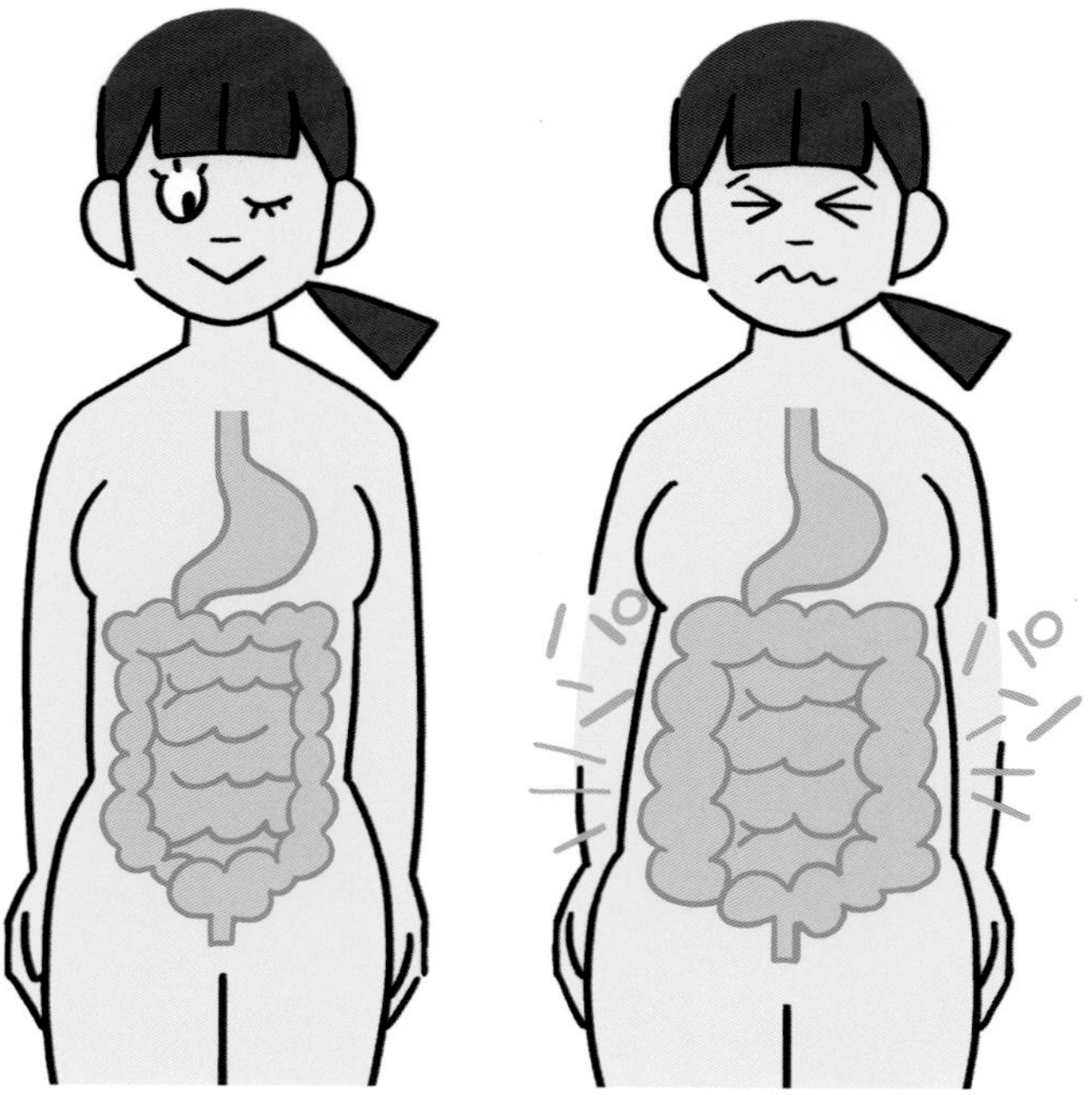

おなかの太さには、脂肪だけでなく、ガスによる膨満感や、むくみも影響。
小麦粉製品を半分に減らすことで、おなかがへコみやすくなる！

ので、ぜひお試しを！　私の生徒さんでパンを1週間やめてウエストが10㎝細くなった人もいます。パンやパスタは甘い味や脂質との組み合わせが多いのでやせ効果が大なのです。

つまぷるを1週間続ければ、ガチガチだったおなかが柔らかくなって縦に伸びやすくなります。同時に小麦粉製品を控えることで、パンパンに膨張していたおなかが、スーッと細くなる。体脂肪がガクンと落ちるわけではありませんが、最初の1週間で「おなかがへコんだ」と実感し、感動してほしいのです。

目標は小麦粉製品の摂取量をこれまでの半分に抑えること。毎朝パンだったのを2日に1度はおにぎりにする、パスタの麺を半量にして、代わりに春雨を食べるなど、ご自身がやりやすいやり方でOK。次ページで要注意食材やおすすめの置き換え例を紹介するので、参考にしてください。

粉ものハーフのコツは NGメニューをOKメニューに置き換える！

「小麦粉製品は食べない！」といきなりシャットアウトするのはハードルが高いという人は、小麦粉を使っていない類似のメニューに置き換えられるかを考えていくのがおすすめです。

食事
ミッション

OK! メニュー例

糖質や炭水化物でも、小麦粉を使っていなければ制限の必要はなし。ごはんや果物もOKです。そばはつなぎを使っていない十割そばをチョイス。せんべいは、小麦粉を使わずにもち米で作られたあられを選んで。

ごはん

もち

十割そば

野菜全般
（根菜もOK）

果物

あられ

NG! メニュー例

NGの代表は、パンやパスタなどの小麦粉が使われている主食、クッキーやフィナンシェなどの焼き菓子。ルゥに小麦粉が使われているカレーや、パン粉たっぷりのフライ、揚げ物も要注意！

パン

パスタ

とんかつ

ピザ

どら焼き

カレー

フィナンシェ

置き換え例

小麦粉製品はNGと後ろ向きにとらえるよりも、食べていいものに置き換えると考えればツラくない！OKメニュー、幅広いです。

ごはんならOK。
コンビニで迷ったら、
おにぎりを！

OK!

NG!

おにぎり ←― サンドイッチ

イタリアンの主食は
リゾットを選べば、
小麦粉なし。

OK!

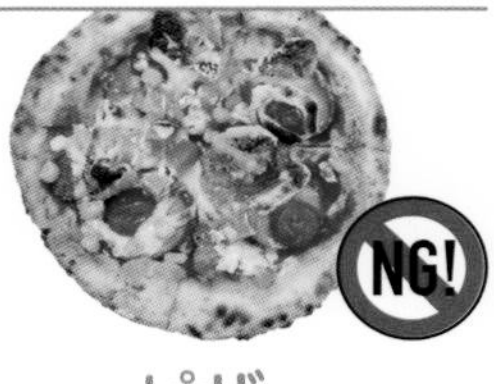
NG!

リゾット ←― ピザ

天ぷらの衣がNG。
海鮮丼にチェンジ
しましょう。

OK!

NG!

海鮮丼 ←― 天丼

ハンバーグは
つなぎに小麦粉が。
ステーキなら
素材は肉だけ。

OK!

NG!

ステーキ ←― ハンバーグ

プリンの材料は
卵と牛乳と砂糖。
甘いものが
ほしいときに。

OK!

NG!

プリン ←― ロールケーキ

Week－2：Menu

- [ ] 01 へそ肉はがし
- [ ] 02 下腹はがし
- [ ] 03 引き締め呼吸［初級］
- [ ] 04 引き締め呼吸［上級］

食事ミッション

1日2杯めぐりアップみそ汁

目標

脂肪たっぷりの部分を
集中的にはがして鍛える！

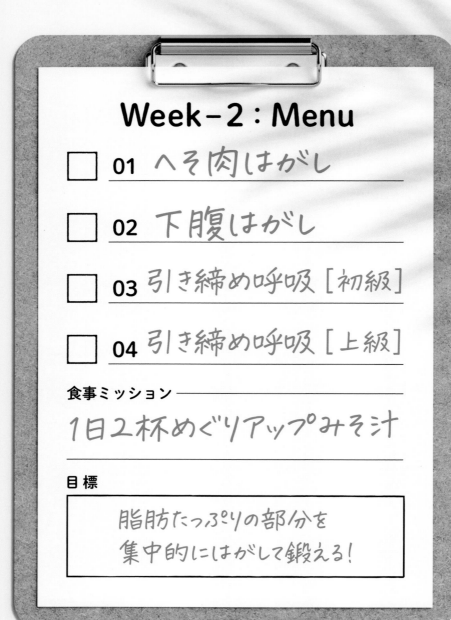

第２週

1週目の3種目が定着したところで、2つのつまぷると「引き締め呼吸」を追加。2週目で刺激するへそ肉と下腹は、筋膜の引きつれが頑固で、脂肪がたっぷりとついている場所。1週目に覚えたつまぷるテクで、引きつれをはがし、おなかを伸ばしましょう。また2週目の「引き締め呼吸」は、ペタ腹キープのためには必須。しっかり、マスターして。

食事ミッションは「めぐりアップみそ汁」。たんぱく質と食物繊維をみそ汁でとり、やせ体質をつくります。

1、2週のつまぷる5種目と引き締め呼吸を続けていれば必ず腹ペタになるし、リバウンドもしません。プログラムが終わっても、ぜひ習慣にしてほしいです！

へそ肉はがし

Week 2 01

へそのまわりは、脂肪が厚く筋膜をはがしにくいのが特徴。
へそ左右の脂肪を同時に持ち上下にクロスさせる
「クロスつまぷる」ではがしていきます。

秘技！
クロスつまぷる

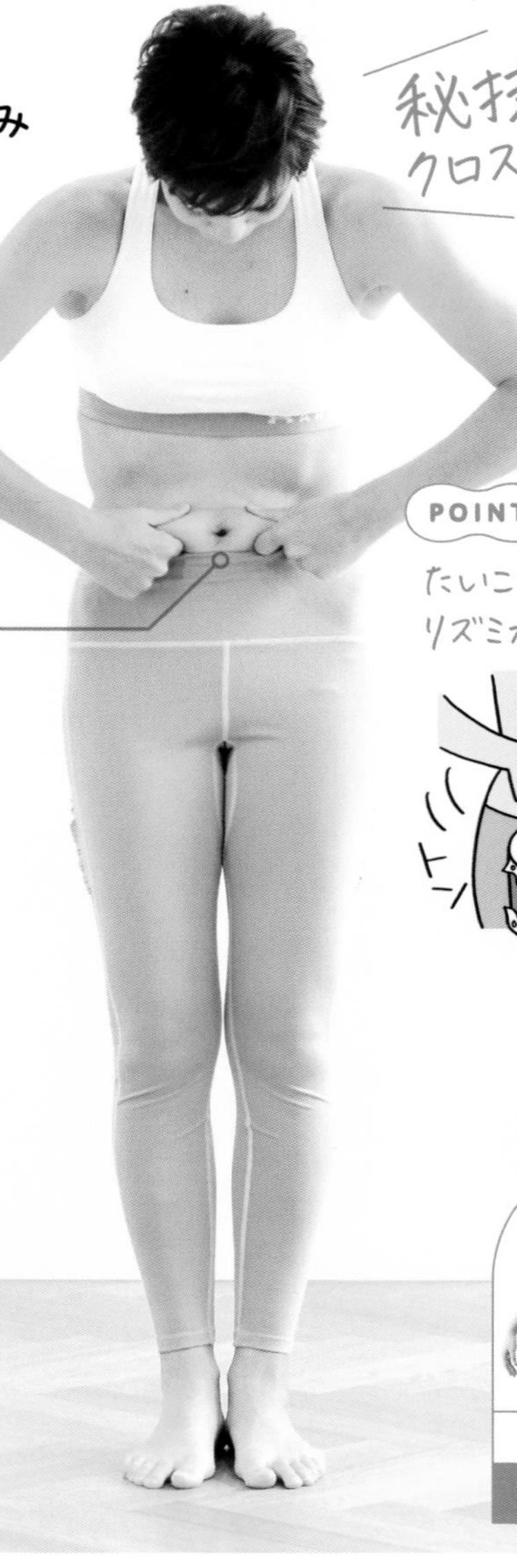

1 へそ横の脂肪をつまみ上下交互に揺らす

1分

両手でへその横の脂肪をつまみます。左右交互、上下に脂肪をクロスさせてぷるぷる揺らしましょう。場所を変えながら1分続けて。

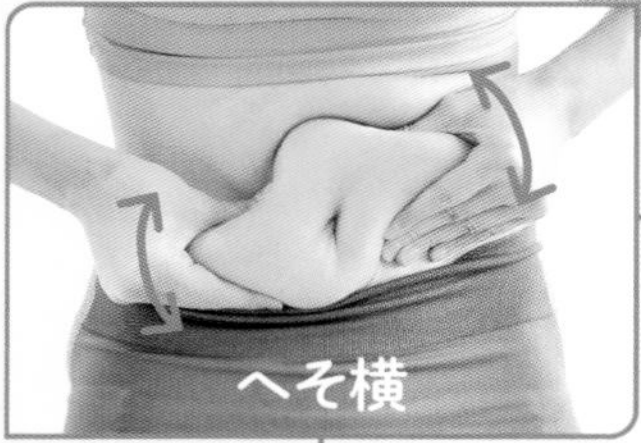

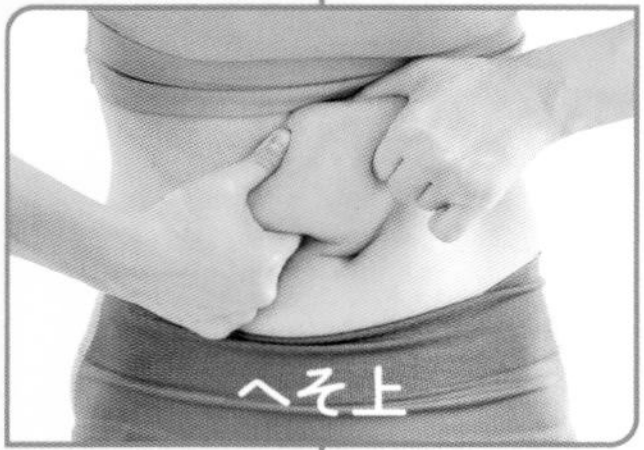

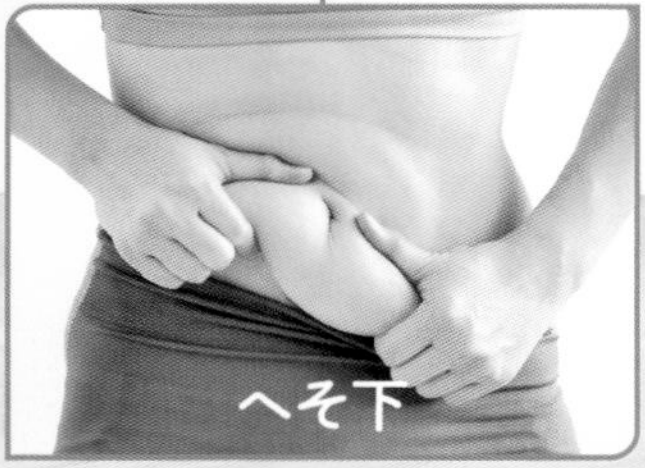

POINT

たいこをたたくようにリズミカルに揺すろう

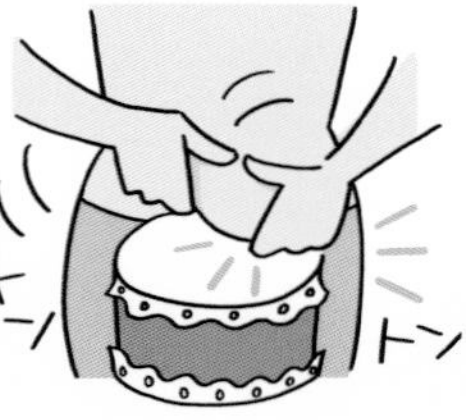

刺激するのは
へそまわり

2 脂肪をつまんだまま……

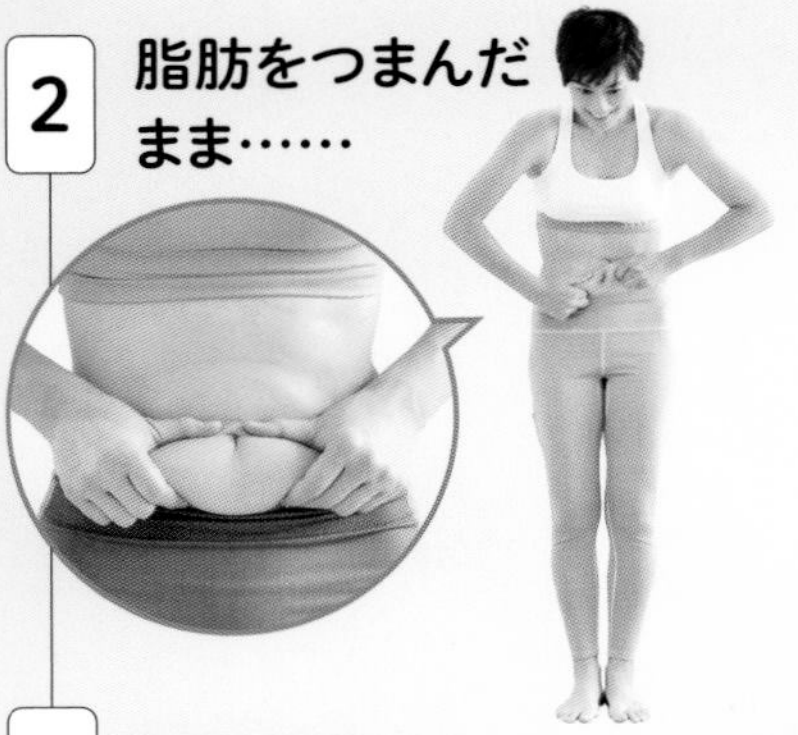

3 手と体を同時に引き上げる

1分

骨盤と肋骨を離すように、おなかを伸ばします。このとき脂肪をつまんでいた手も上に引き上げること。場所を変えて1分続けます。

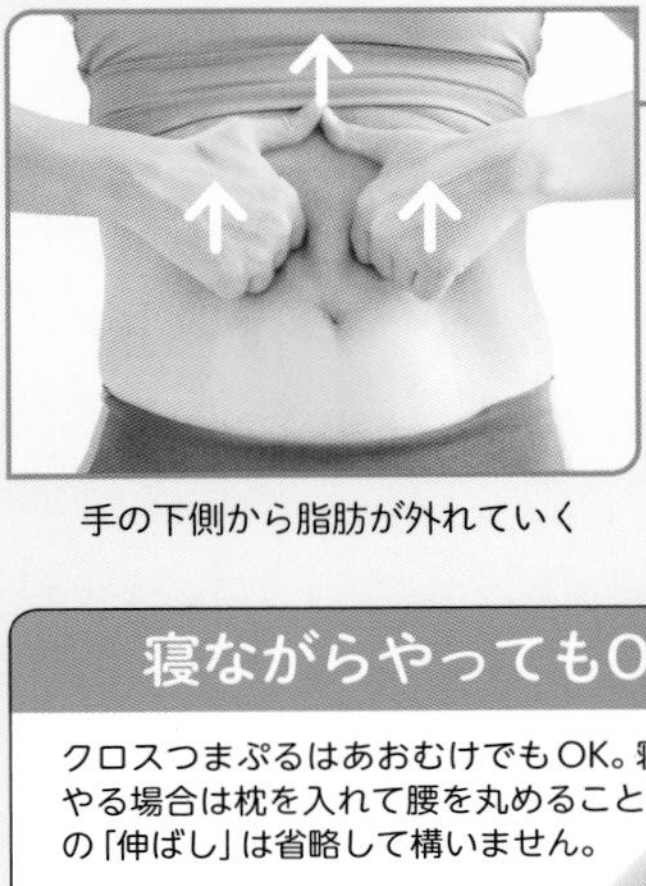

手の下側から脂肪が外れていく

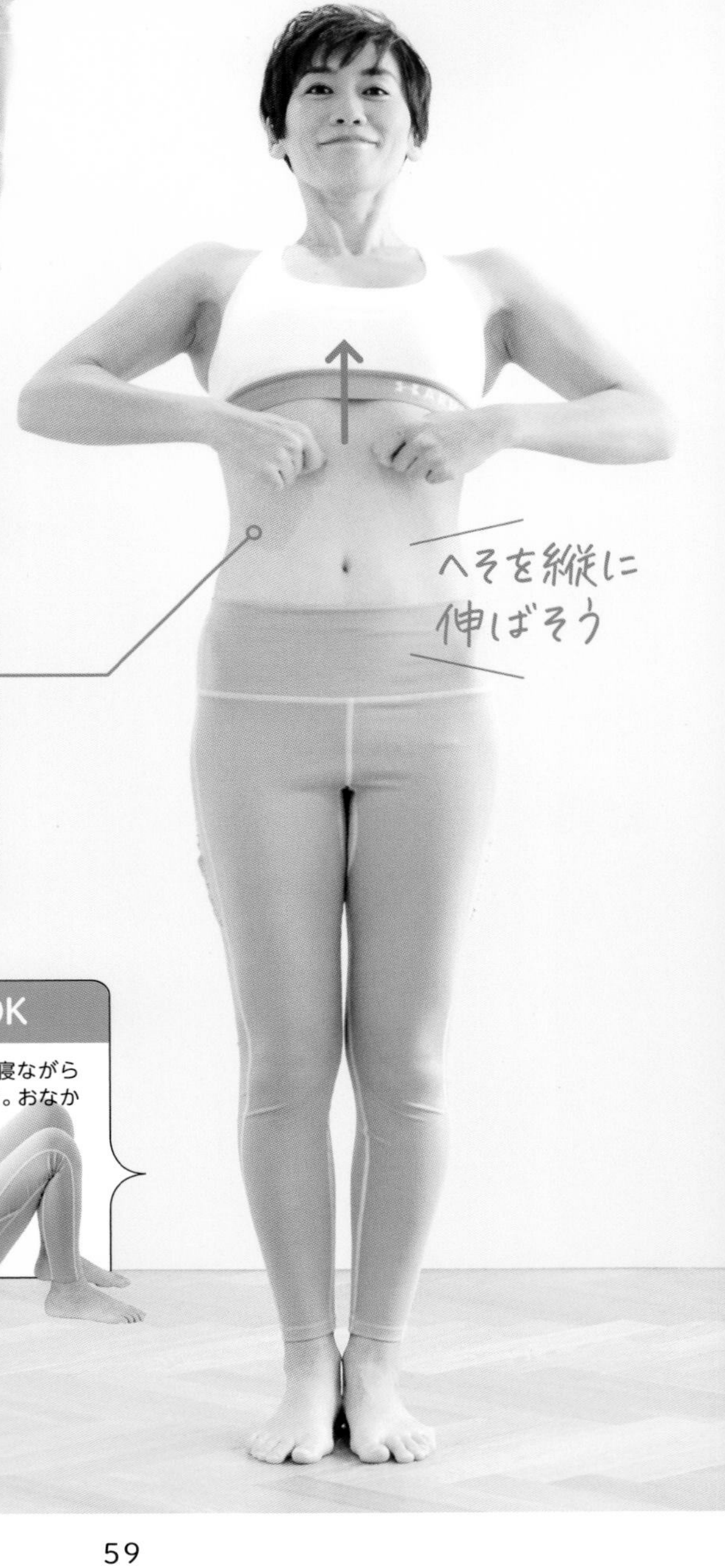

寝ながらやってもOK

クロスつまぷるはあおむけでもOK。寝ながらやる場合は枕を入れて腰を丸めること。おなかの「伸ばし」は省略して構いません。

動画で確認！

下腹はがし

Week 2

02

下腹の分厚い脂肪は、左右片側ずつ、つまぷるします。
つまぷるする側の足を引くのが、下腹をしっかり伸ばすコツです。

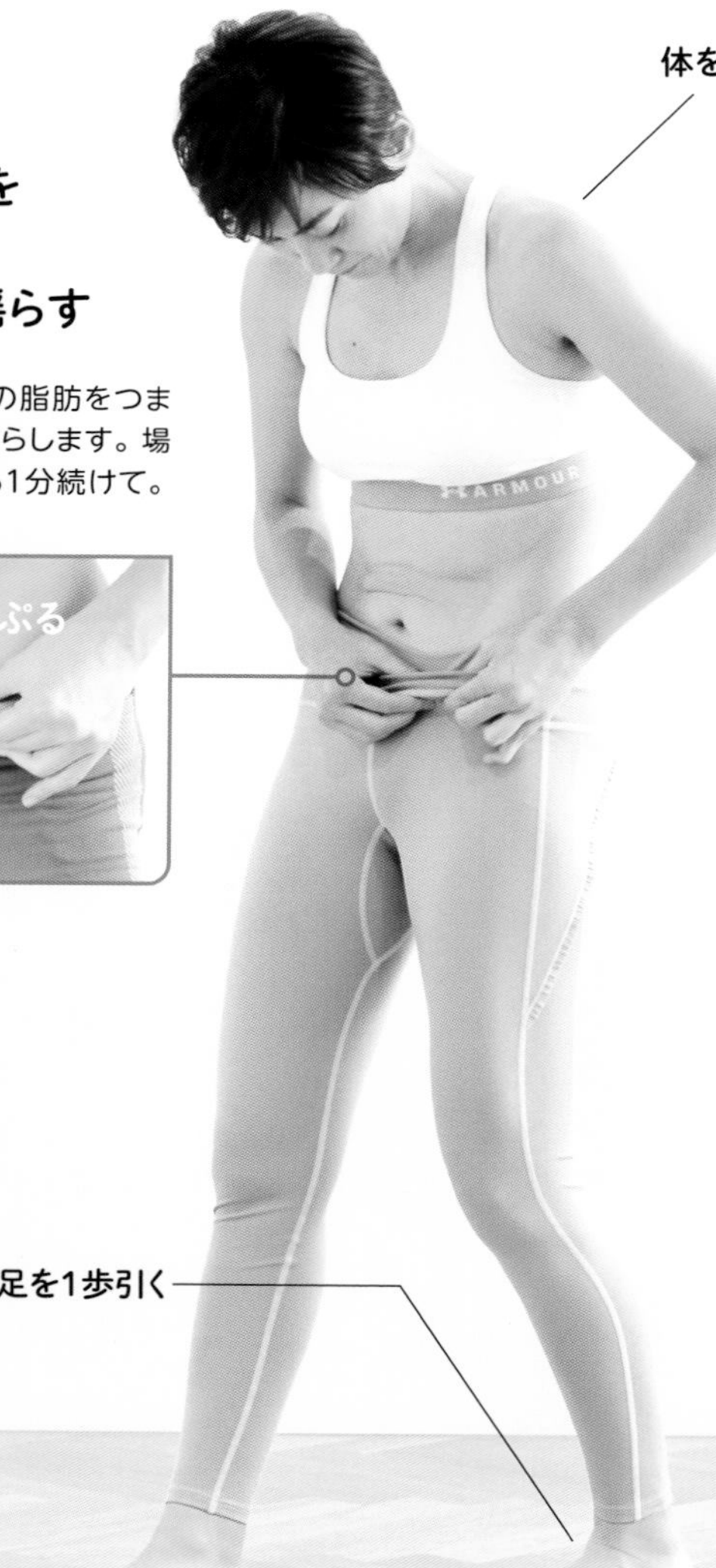

体を丸めよう
大事!
左足を1歩引く

1 左の下腹をつまんでぷるぷる揺らす

1分

両手で左下腹の脂肪をつまみ、ぷるぷる揺らします。場所を変えながら1分続けて。

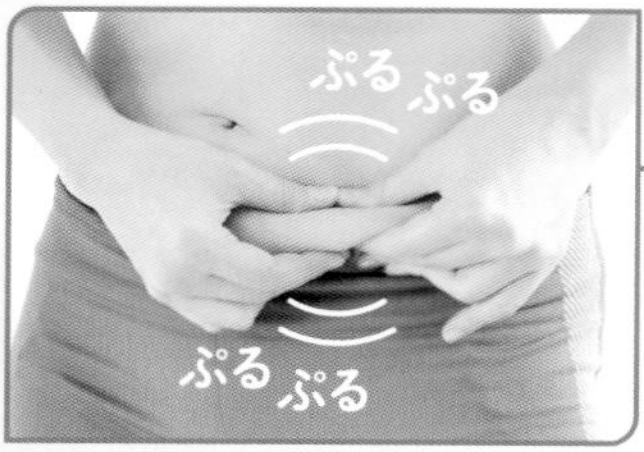

ぷる ぷる
ぷる ぷる

POINT

おなかを伸ばすとき後ろ足を踏ん張ることがストッパーになりしっかり伸ばせる!

ピ〜ン
ガシッ

ココ!

刺激するのは
下腹

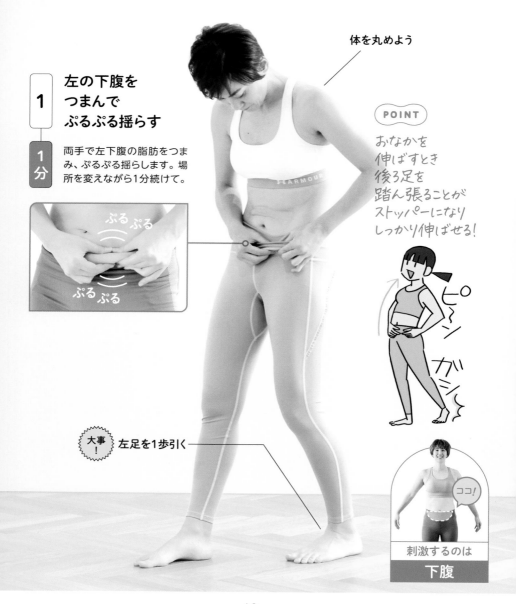

2 3本指で脂肪を押し上げながら……

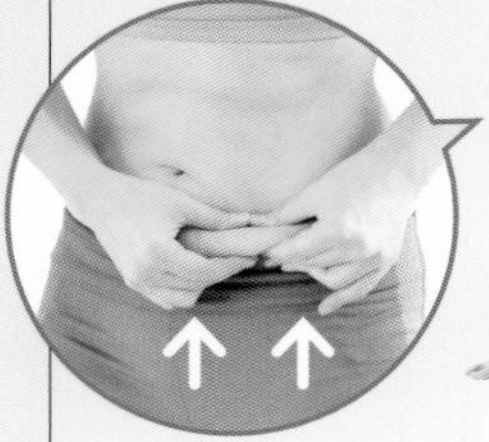

3 体を引き上げる

1分

骨盤と肋骨を離すように、左のおなかを伸ばします。少しずつ場所を変えて1分続けたら、反対側も1～3を行いましょう。

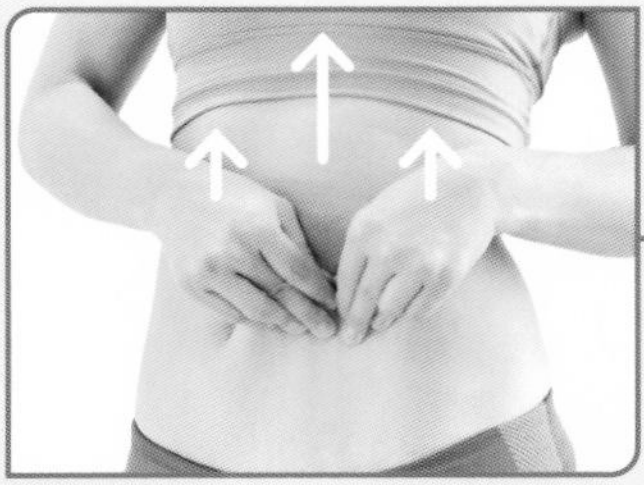

引き上がって伸びながら脂肪が外れていく

寝ながらやってもOK

あおむけでひざを立て、片側ずつつまぷる。おなかを伸ばすときは、伸ばす側の足をズルズル～っと伸ばしながら手を引き上げて。

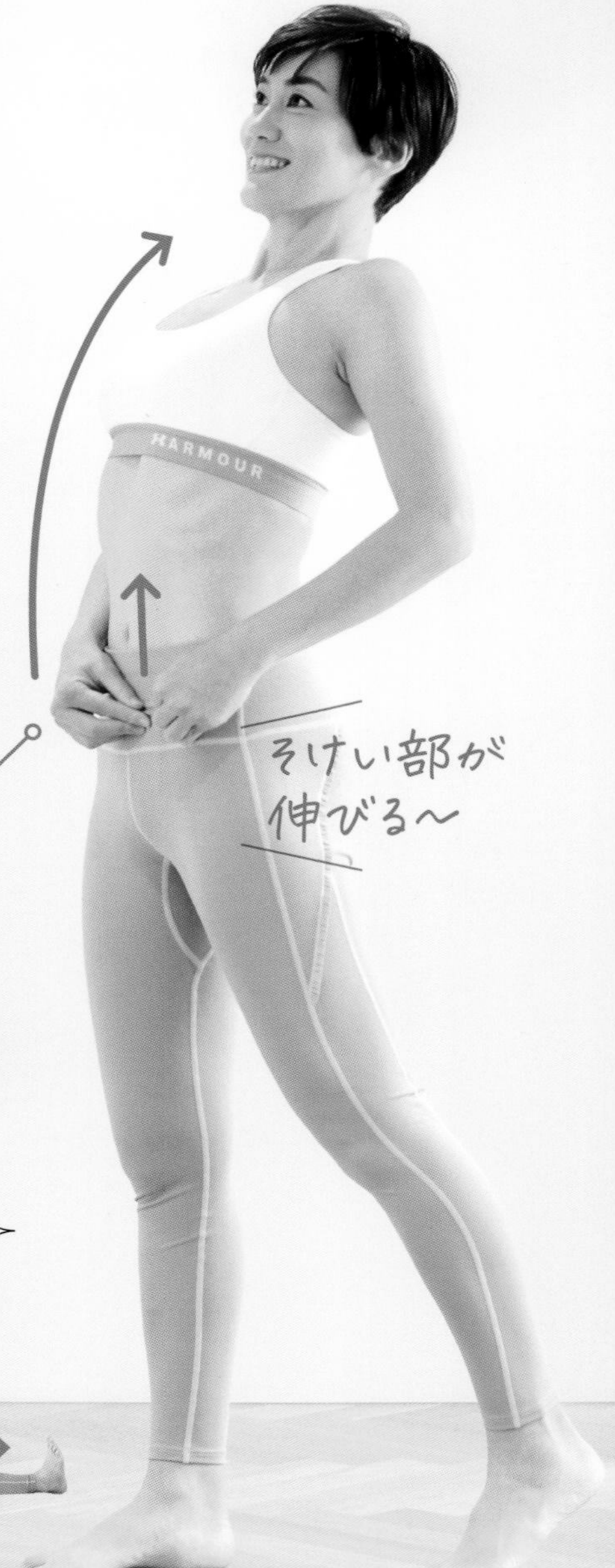

動画で確認！

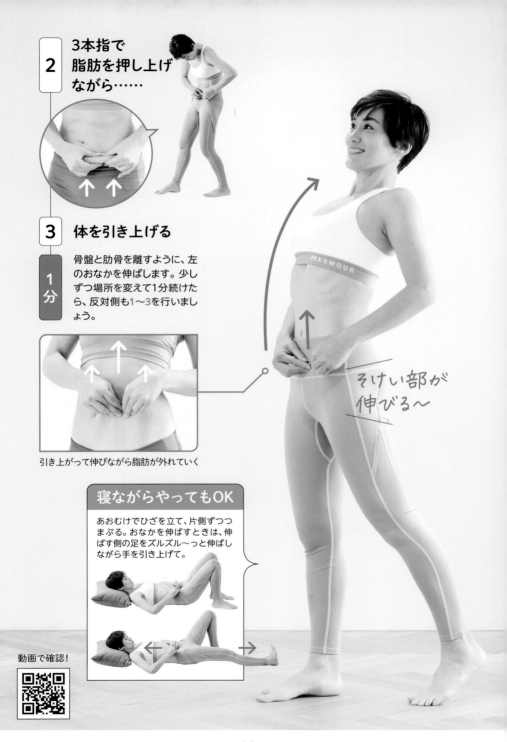

引き締め呼吸［初級］

Week 2

03

**筋膜が引きつれたり硬いと、おなかを引っ込めたくても動きません。筋膜をはがしたら呼吸を活用して
おなかの筋肉を動かす力を目覚めさせます。**

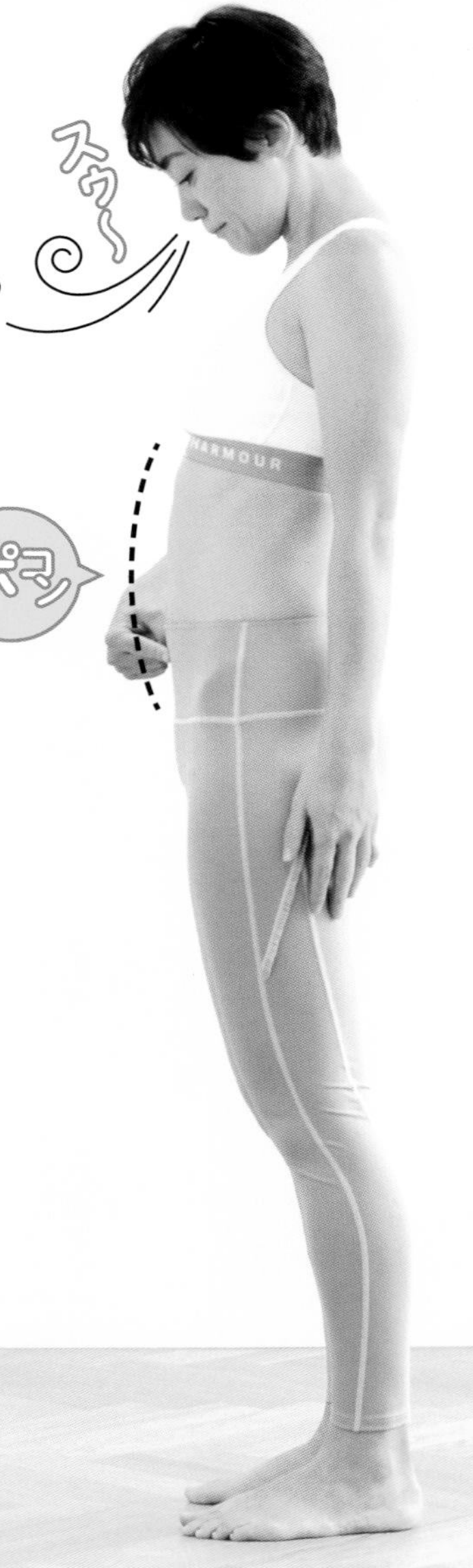

1

**息を吸いながら
おなかをふくらませる**

1分

大きく息を吸います。吸った息をおなかに送り込むイメージで、おなかをふくらませましょう。

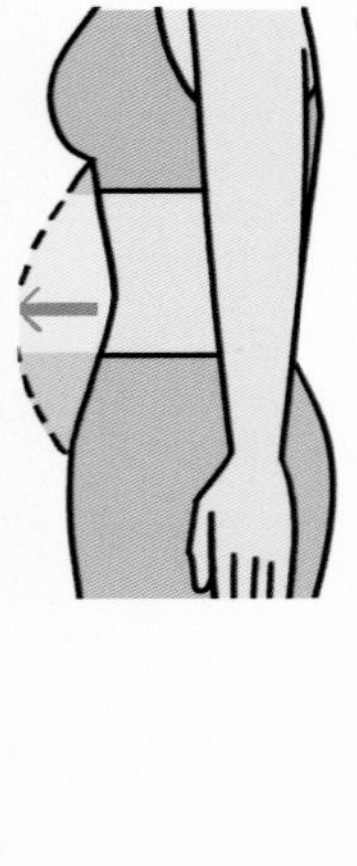

POINT

「おなかを動かす」と意識しよう

刺激するのは

おなか／腹横筋

2　短く息を吐くごとにおなかをヘコませる

1分

フッフッと短く息を吐き、ひと息ごとにおなかをヘコませます。1回吸っては5回吐くのをセットに1分くり返しましょう。

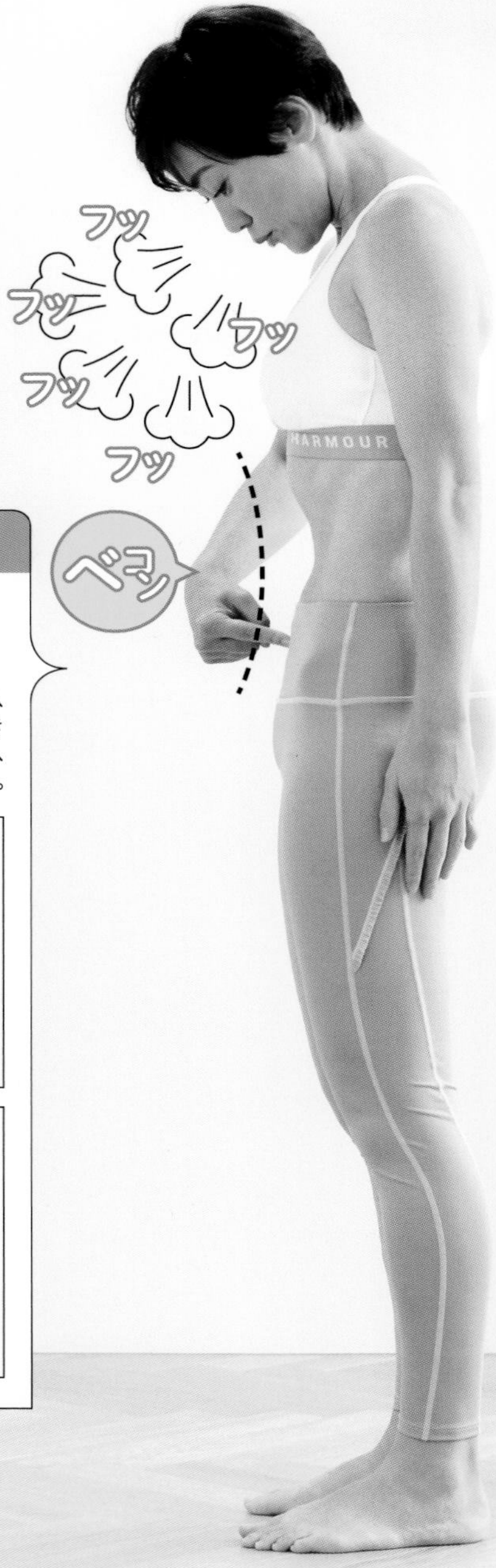

できたらプラス

吸うときも吐くときもおなかをヘコませる

おなかを動かすことに慣れたら、ヘコませ続ける練習を。息を吸うときにもおなかをヘコませ、おなかをヘコませたまま息を吐いてみましょう。

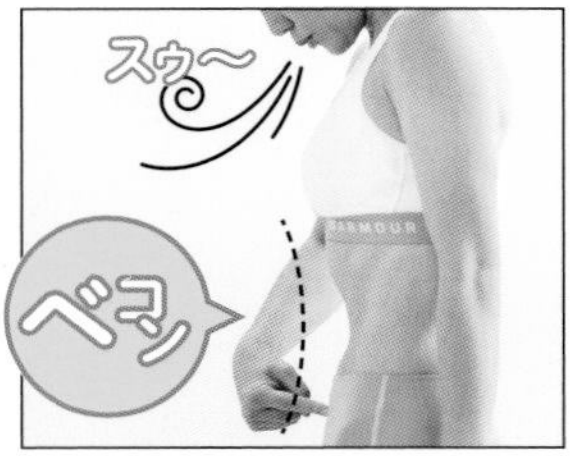

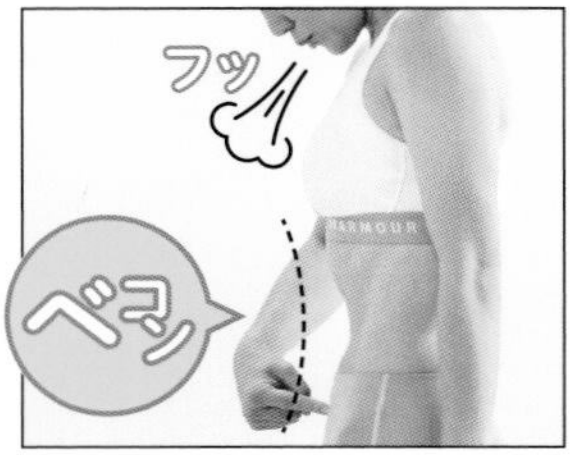

動画で確認！

引き締め呼吸［上級］

Week 2
04

つまぷるのゴールは、常におなかがヘコんだ状態になること。腕を上に伸ばしたまま引き締め呼吸にチャレンジ！

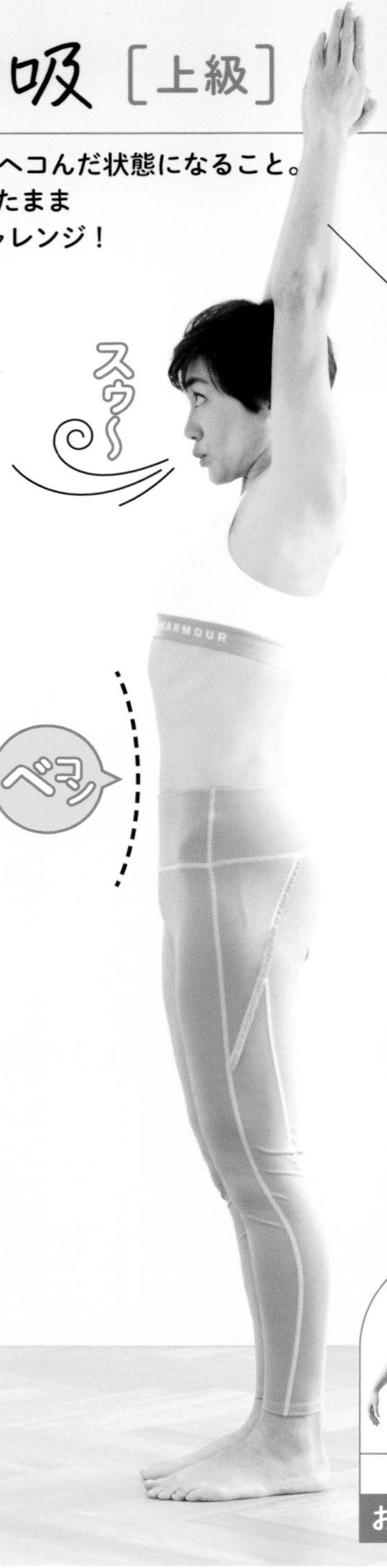

1 息を吸いながらおなかをヘコませる

1分

両手を合わせて腕を頭の上に伸ばします。そのまま息を吸いながら、おなかをヘコませます。

POINT

骨盤と肋骨を離したまま呼吸する感覚を覚えよう

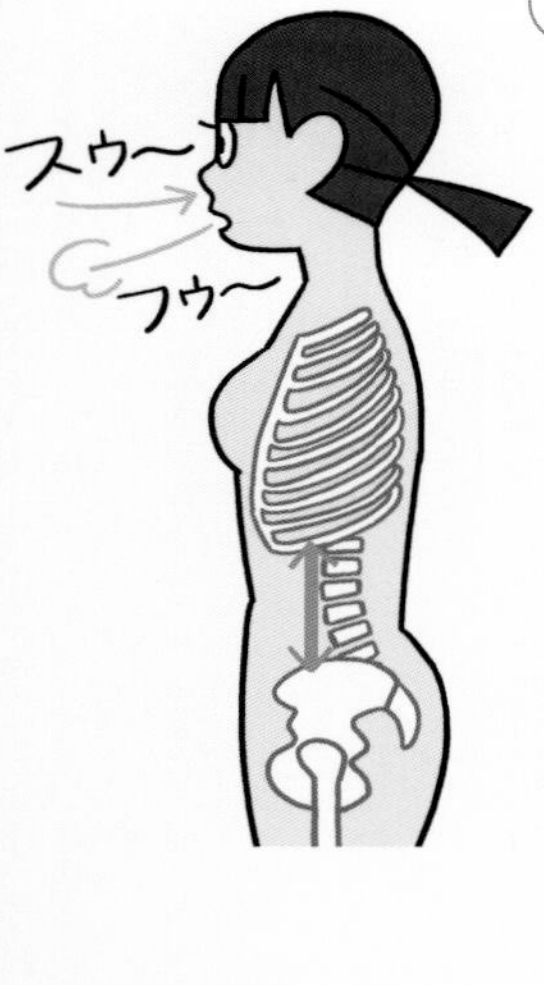

刺激するのは
おなか／腹横筋

2 短く息を吐くごとにさらにおなかをヘコませる

1分

フッフッと短く息を吐きます。ひと息ごとに、おなかに力を込め、どんどんヘコませましょう。1回吸って5回吐くのをセットに1分くり返します。

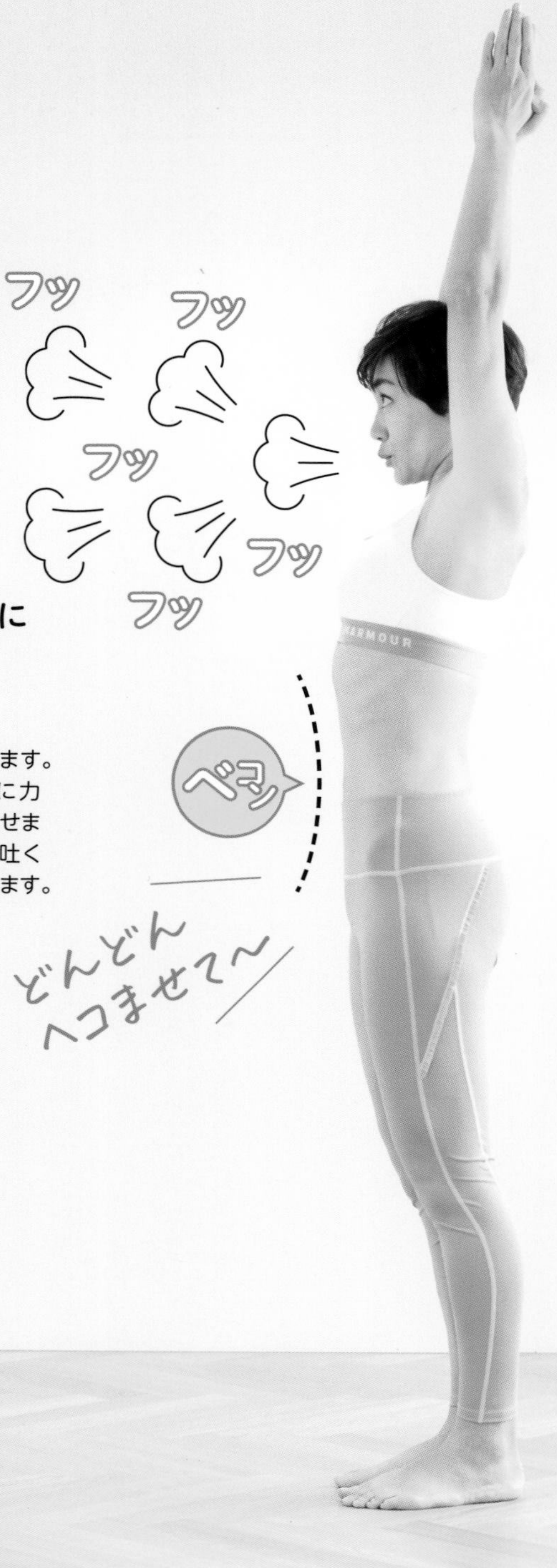

動画で確認！

食事
ミッション

Week-2：Mission
【1日2杯めぐりアップみそ汁】

POINT

実は超優秀フードのみそ汁で、たんぱく質と食物繊維をしっかりとる

みその乳酸菌と具の食物繊維で腸が活性化

2週目の食事ミッションはみそ汁。たんぱく質と食物繊維をとれる食材を1種類以上ずつ具に使ったみそ汁を、1日2杯食べましょう。

なぜみそ汁なのか。実はみそ汁って、健康にもダイエットにもいいスーパーフード。まず、みそは大豆由来のたんぱく質なので、不足しがちなたんぱく質をとることができます。そしてみそは、乳酸菌をたっぷり含んだ発酵食品でもあります。おなかの中からスッキリを促してくれるのです。

具は、たんぱく質がメインの食材を1種類以上＋食物繊維が豊富な食材を1種類以上。たんぱく質は、不足しがちなので、具でもサ

ポート。肉や魚を毎日用意する必要はありません。かにかまや納豆や豆腐でもOKです。食物繊維食材は野菜、きのこや海藻がおすすめ。これを1日2杯とりましょう。

このみそ汁を習慣にすると、水分補給になるので、慢性的な脱水を改善できます。また、たんぱく質をとることで血管や筋肉も元気に。体を温めて冷えから守る効果もあります。さらに、**みその乳酸菌と具の食物繊維パワー**で、**腸も活性化**します。なので、名付けて「**めぐりアップみそ汁**」！

1日2杯をどう食べるかは、とりやすいタイミングでOK。食事の一番目にとると、おなかがふくれて食べすぎを防げるというメリットがあります。仕事の休憩中などに、コーヒーブレーク代わりに飲むのも◎！

次ページに、おすすめの具をラインナップしたので、参考にしてください。

みそに含まれるアミノ酸

バリン
ロイシン
イソロイシン
スレオニン
メチオニン
リジン
フェニルアラニン
トリプトファン
ヒスチジン

たんぱく質は20種類のアミノ酸から構成されています。アミノ酸のうち体内でつくることができず、食事でとる必要がある9種類を「必須アミノ酸」といいますが、みそは9種類すべてをコンプリート。まさにスーパーフードなのです。

食事
ミッション

めぐりアップみそ汁に入れたい！
たんぱく質＆食物繊維食材リスト

たんぱく質と食物繊維を多く含んでいる食材を、ピックアップしました。
いろいろ試して、お好みの組み合わせを見つけてみて。

たんぱく質食材

牛肉	豚肉	鶏肉	魚
鶏団子やつみれ		えび	たこ
さば缶	かにかま	ちくわ	豆腐
豆乳	おから	卵	納豆
枝豆	チーズ		

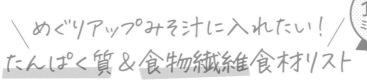

パックだしは破って中身をそのまま使う

だしをきちんととるのは大変。顆粒だしでもかまいませんが、できれば無添加のパックだしを。抽出してパックを捨てるのではなく、袋を破き、中身ごと頂くと栄養を余さずとれます。※

食物繊維 食材

しいたけ　えのきだけ

ぶなしめじ　エリンギ　まいたけ

わかめ　ひじき　のり

こんにゃく　ごぼう　おくら

たけのこ　さつまいも　ブロッコリー

※だしパックは製品の用法や原材料表示をよく読んでお使い下さい。

Week－3：Menu

□ 01 前もも伸ばし

□ 02 足首ストレッチ

□ 03 骨盤体操

食事ミッション

粉もの全カットチャレンジ

目標

反り腰を解消して、
伸びたおなかをキープ、美姿勢に！

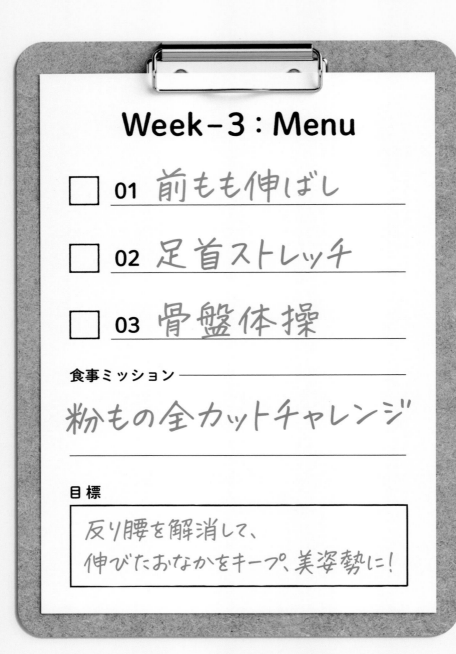

第3週

つまぷるの目標は「伸ばし続けられるおなか」にすること。実はおなかを伸ばせない原因には、反り腰も挙げられます。反り腰を解消しない限り、下腹から力が抜け、おなかに脂肪がつくのです。そして腰が反る元凶は、前ももと足首の硬さ。この2か所が硬いと腰を前に引っ張る力が働き、反り腰がどんどん悪化します。そこで3週目は、前ももと足首をほぐし、骨盤を真っすぐ立てる練習をします。

食事ミッションは、「粉もの全カットチャレンジ」。パンや麺類が好きな人にはキツい1週間かもしれませんが、腹ペタ効果は抜群。やせスピードが一気に加速するので、代替食品を活用するなどして乗り切りましょう。おすすめの代替レシピも紹介します！

前もも伸ばし

Week
3
01

ぽっこりおなかの人のほとんどは、反り腰！　反り腰の元凶である前ももの硬さを、ストレッチで解消していきます。

グラつくようなら
手は壁に

1 片脚立ちになり 左足首をつかむ

左手で左足首をつかみ、
右脚1本で立ちます。

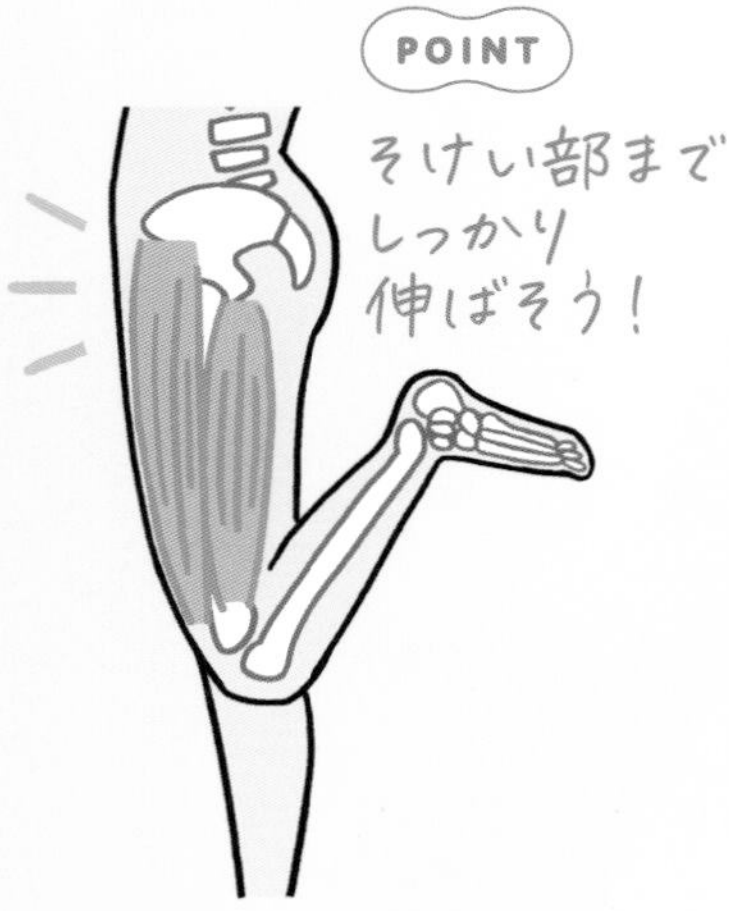
POINT
そけい部まで
しっかり
伸ばそう！

ココ！

刺激するのは
前もも／そけい部

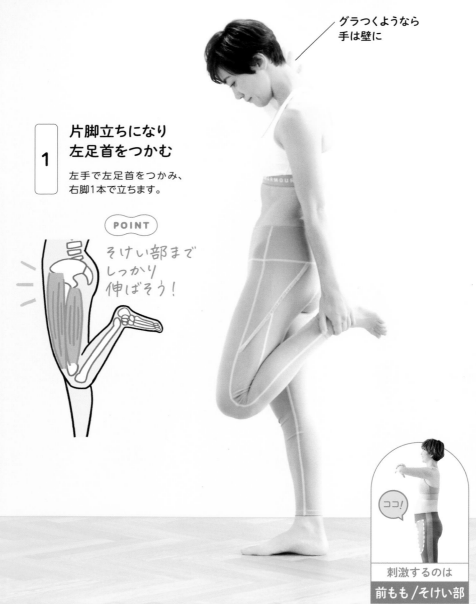

2 左ひざを後ろに引く

左ひざを引き、左かかとをお尻に近づけましょう。左の前ももとそけい部が伸びていることを感じたまま30秒キープ。反対側も同様に行います。

左右各30秒

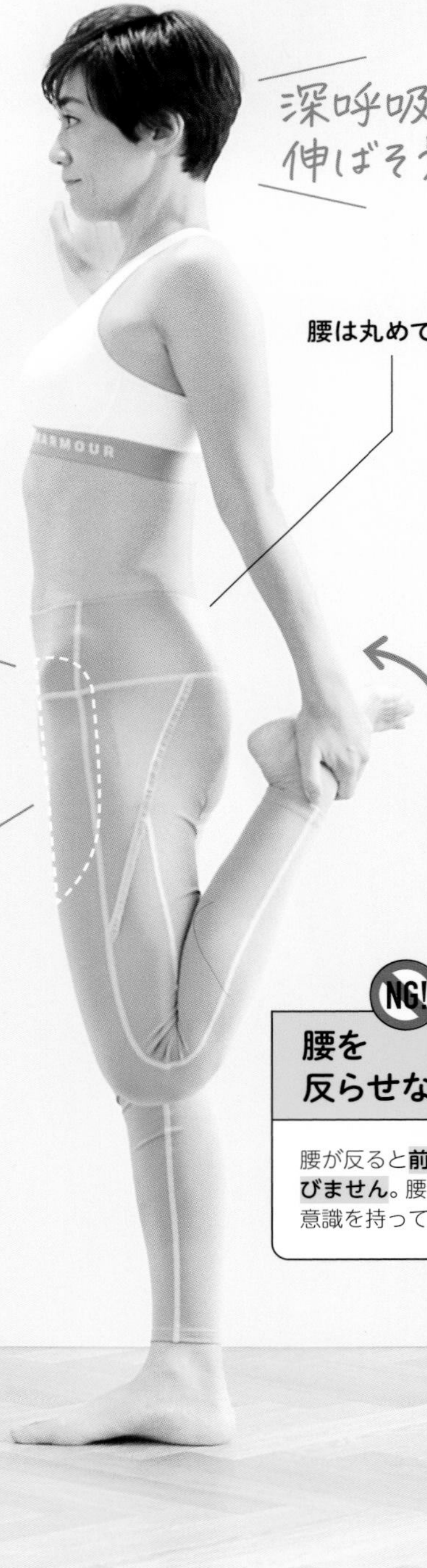
深呼吸しながら
伸ばそう
腰は丸めておく
ピ~ン!

できたらプラス

お尻にかかとをつけると効果アップ

かかとをお尻につけられると前ももがさらに伸びます。ただし、お尻につけようとしすぎると、股関節が曲がりがち。そけい部はしっかり伸ばしましょう。

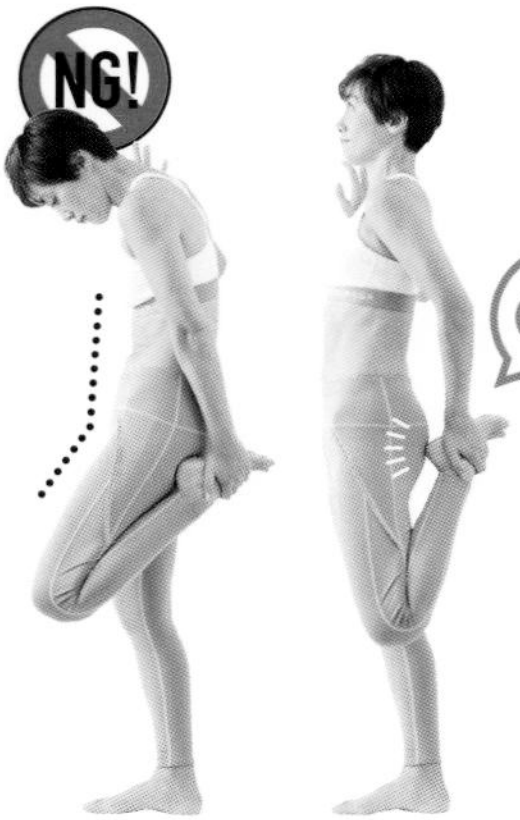
NG!
OK!

NG!

腰を反らせない

腰が反ると**前ももは伸びません**。腰は丸める意識を持って！

動画で確認！

足首ストレッチ

Week 3

02

足首が硬いと、重心が後ろになり、骨盤の前傾を引き起こします。元凶である足首の硬さをストレッチでほぐしましょう。

POINT

反動をつけずにじんわり伸ばす

1 右足を1歩引き壁に両手をつく

右足を1歩後ろに引きます。そのまま両腕を伸ばして壁に手をつきましょう。

刺激するのは

足首/ふくらはぎ

2 壁を押しながら前足に重心をかける

両手で壁を押し、前足に重心を乗せます。右足首とふくらはぎに伸びを感じながら30秒キープ。反対側も同様に行います。

左右各30秒

ひざを曲げない

後ろ足のひざが曲がると、足首は伸びません。**しっかり伸ばして。**

かかとを上げない

重心につられて**後ろ足のかかとを浮かせてはダメ。**足裏を床につけます。

CHECK!

後ろ足を正面に向ける

後ろ足のつま先が外を向いていると、**一気に伸びが消えます**。足先は真っすぐ正面に向けて。

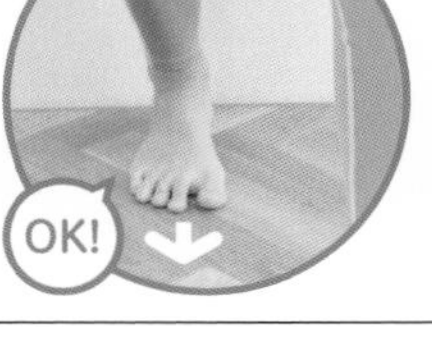

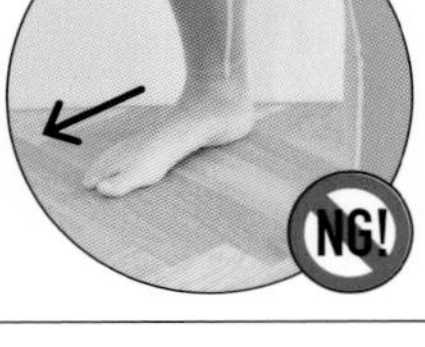

動画で確認!

骨盤体操

Week 3

03

骨盤が前傾して反り腰になっている悪姿勢を改善。
骨盤を真っすぐに立てて美姿勢をつくるのにお役立ちのトレーニングです。

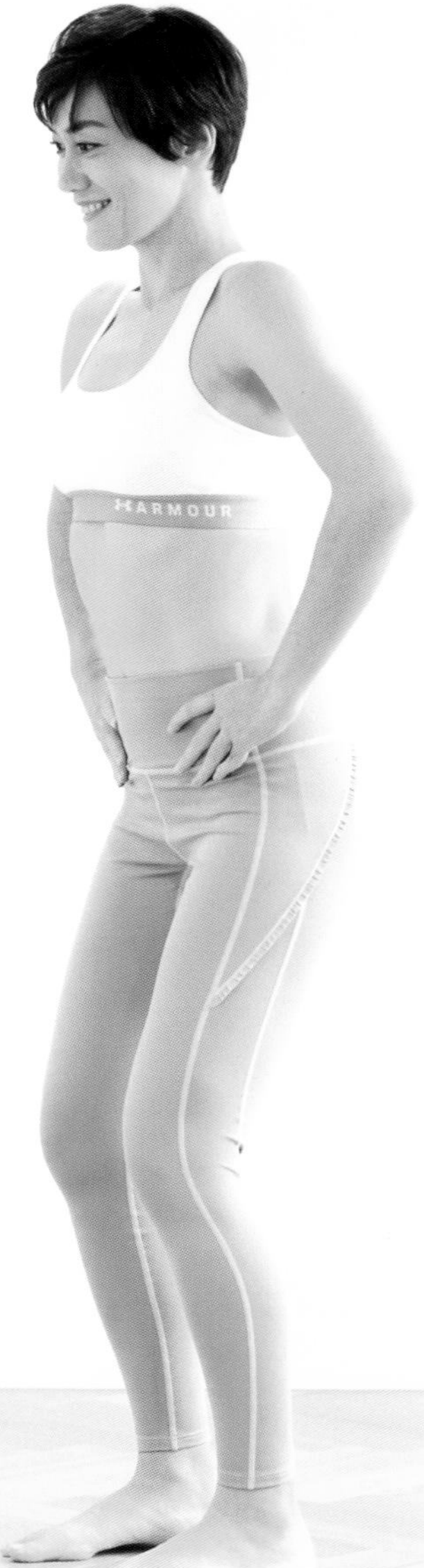

1

真っすぐに立ち股関節とひざを軽く曲げる

腰に手を当てて立ちます。そこから、ひざと股関節を軽く曲げましょう。

POINT

骨盤を立てる感覚をつかもう

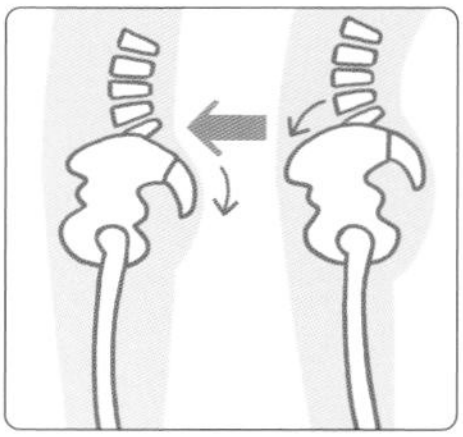

刺激するのは

骨盤

2 おなかを引っ込め腰を丸める

1分

息を吐いておなかを引っ込めながら、ゆっくりと腰を丸めます。1、2の動きを1分くり返しましょう。

いすに座ったままでもOK!

いすに座り、骨盤の動きに集中しながらやるのもおすすめ。腰を丸めるときは、おなかに力を入れましょう。

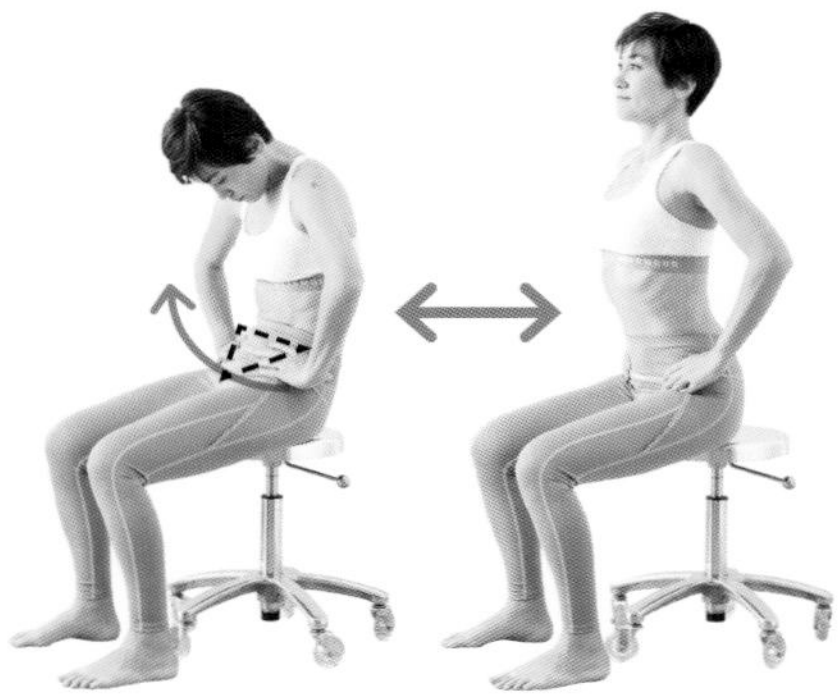

パンツ前面の三角形を上に向けよう
腰の動きを手でサポートして

ちなみにパンツ前面の三角形を上に向けたままひざを伸ばすと……

超美姿勢!

動画で確認!

食事
ミッション

Week-3：Mission
【粉もの全カットチャレンジ】

代替食材を上手に活用して1週間粉ものゼロに！

ブランパンやグルテンフリーパスタも活用してみて

1週目に実践した粉もののハーフカット。3週目は全カットして、腹ペタを加速させていきます。

控えるのではなく全カットなので、パンやパスタが大好きな人にとっては、ややキツいかも。小麦粉の代わりにふすまを使ったブランパンや、グルテンフリーのパスタ、料理には小麦粉ではなく米粉を使うなど、代替品を使って乗り切ってほしいと思います。

生徒さんの中には、「1週間、小麦粉を断った後で小麦粉をとると体が重い」と感じた人も。**おなかがスッキリして体を軽く感じる効果は抜群**なので、ぜひトライしてください。

みっこおすすめ

粉ものゼロで作れる満腹レシピ

小麦粉の代わりに別の食材を使用。
しっかりおいしくおなかも満足できるおすすめメニューを紹介します！

キャベツとしらすのペペロンチーノ

「ペペロンチーノが好きでパスタ断ちはつらい」と思っている人におすすめ。パスタなしでもお味はしっかりペペロンチーノ!

［ 材料&作り方（1人分）］

キャベツ ……………………150ｇ（3～4枚）
にんにく ………………………………… 1片
オリーブ油 ……………………… 大さじ1
釜揚げしらす ………………………… 30ｇ
鷹の爪（小口切り） ………………… 適量

キャベツは食べやすい大きさに切り、にんにくは薄くスライスする。オリーブ油とにんにく、鷹の爪を弱火にかけ、にんにくの香りがしたらキャベツと釜揚げしらすを入れて炒める。

鍋の締めなんちゃってラーメン

「この鍋の締めは、ラーメンなんだよな」というとき。ラーメンの代わりにしらたきを使うと、粉ものゼロにできます。

［ 材料&作り方（作りやすい量）］

鍋の残りスープ ………………………… 適量
しらたき ………………………………… 1 袋

しらたきはあらかじめ食べやすい長さに切り、湯がいておく。鍋の残りスープにしらたきを入れ沸騰したら完成。

Week−4：Menu

☐ 01 10回ばんざい

☐ 02 その場もも上げ

食事ミッション

ちょこちょこ

たんぱく質　食べ

目標

どんなときでも ヘコんだおなかのままの体型が完成！

第４週

３週目で身につけた、骨盤を真っすぐ立てる感覚。骨盤が立った状態を、腕や脚を動かしてもキープするのが、４週目の目標です。腰を反ったり丸めたりせずに、ばんざいやもも上げをしていきましょう。

食事ミッションはたんぱく質の摂取量を上げること。調理ゼロで食べられるたんぱく質食材を買い置きしておくのが、摂取量アップのコツです。

４週目が終われば、プログラムは終了！　ただし、筋膜の引きつれは、パソコン作業や利き手ばかり使うといった日常生活のクセによって再発します。１日数種目のつまぷると引き締め呼吸を続けていくことで、引きつれの再発を防止し、一生ペタンコのおなかでいることが可能。ぜひ習慣に！

10回ばんざい

Week 4
01

上半身を動かしても、骨盤を立てたままキープするトレーニングです。骨盤を前傾させて腰を反らないよう、意識しましょう。

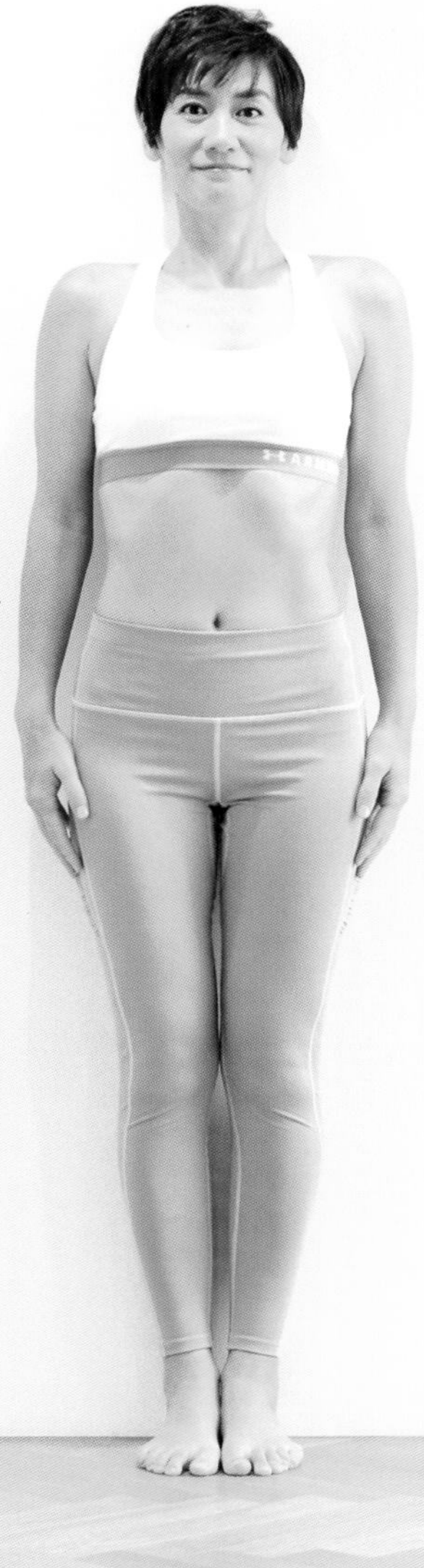

CHECK!

壁と腰のすき間は手のひら1枚分

反り腰だと腰に大きなすき間ができます。**最適のすき間は手のひらの厚さ1枚分**。すき間が広い人は力を込めておなかを引っ込め、すき間を狭めましょう。

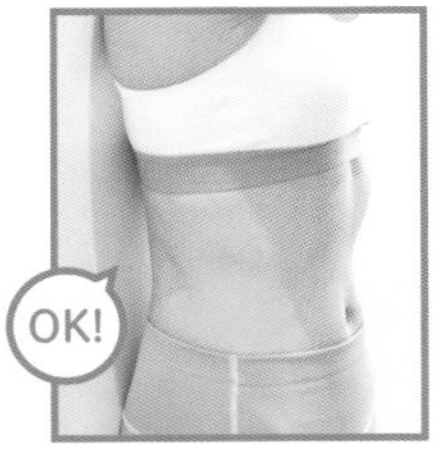

1 壁に背中をピッタリつけて立つ

壁の前に立ちます。後頭部や肩、お尻、かかとを壁につけます。

POINT

上半身を動かしても骨盤を真っすぐキープする

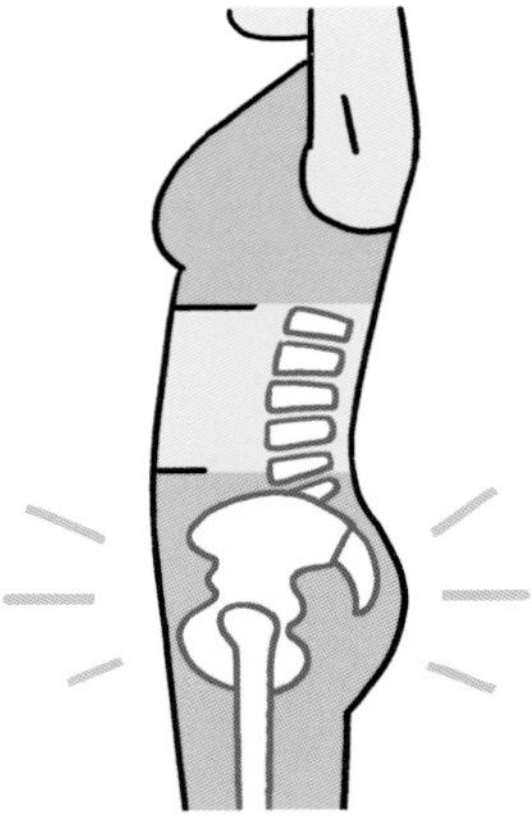

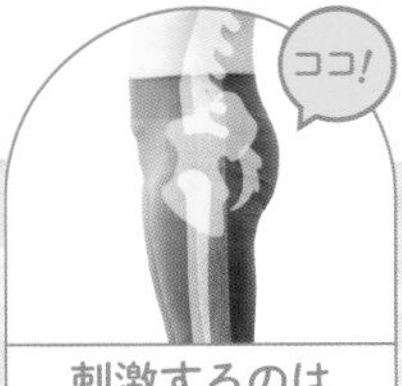

刺激するのは
骨盤

2 両腕を上げてばんざいする

10回

両腕を頭の上に伸ばしてばんざい。このときおなかに力を込めて腰を反らせないことが大事。10回くり返します。

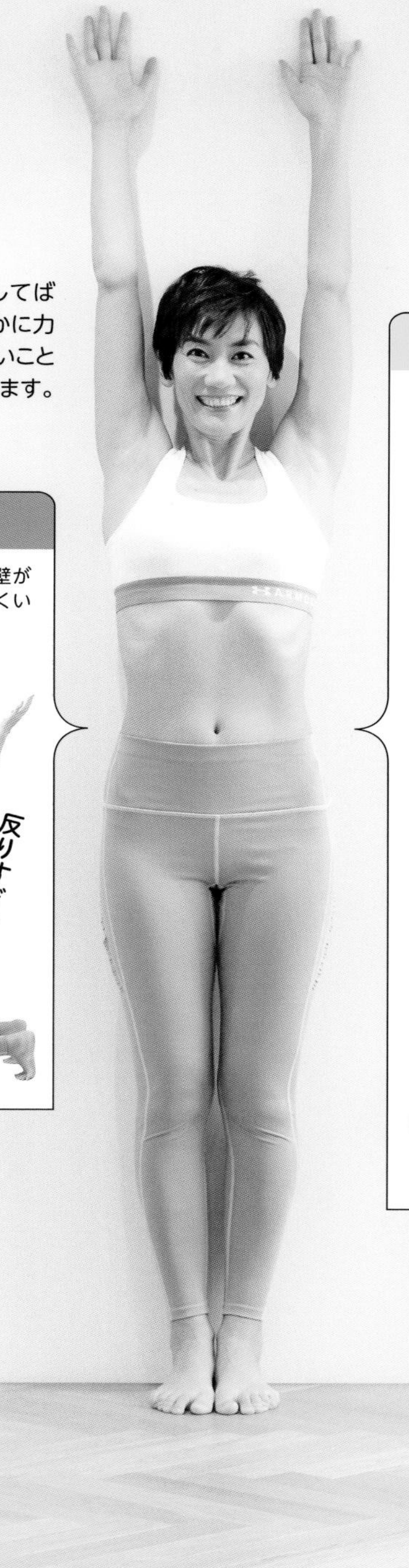

できたらトライ!

壁を使わず、ひざ立ちでばんざい。壁がない分、反り腰になっても気づきにくいので、骨盤を立てる意識が必要です。

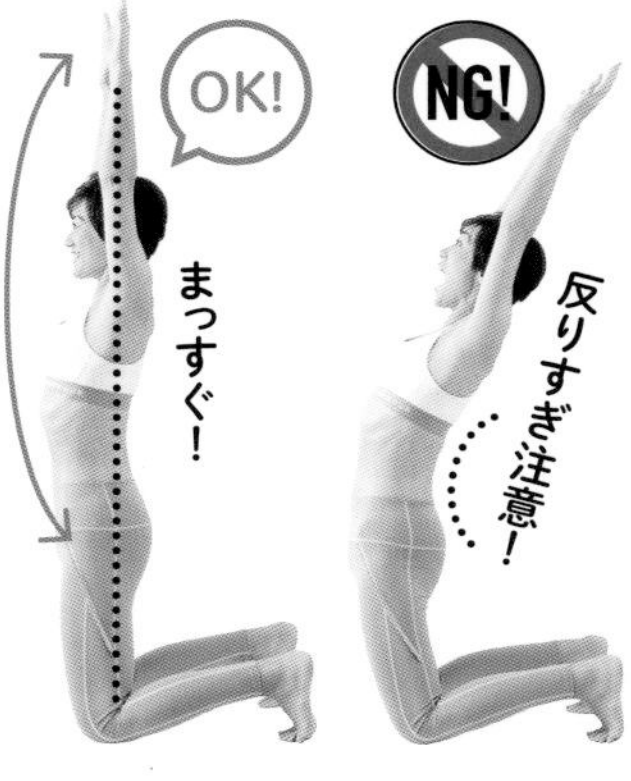
OK!
まっすぐ!
NG!
反りすぎ注意!

CHECK!

腕を上げるときも腰はまっすぐ

腕を上げる動きにつられて腰が反ってはダメ。**腰を真っすぐキープして!**

OK!

NG!

動画で確認!

その場もも上げ

Week 4

02

股関節を動かしても、骨盤を倒さずに
キープするトレーニング。
おなかにしっかり力を込めて、脚を動かしましょう。

1 両腕を頭の上に伸ばす

2 太ももを高く上げ足踏みする

1分

腕を伸ばし上半身を真っすぐキープしたまま、左右の太ももを交互に高く上げ、その場で足踏みをします。1分続けて。

POINT

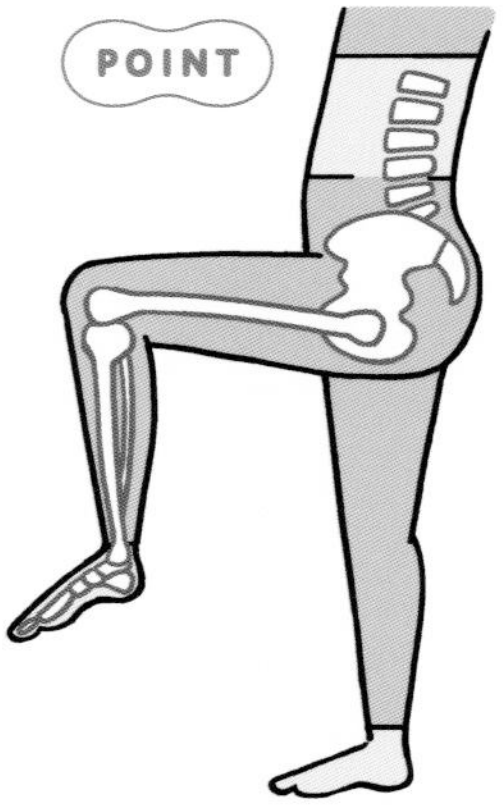

股関節を動かしても
骨盤を真っすぐキープする

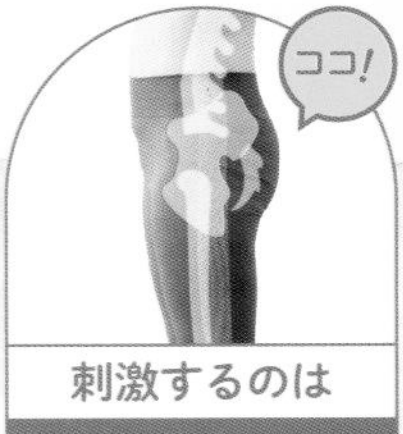

刺激するのは
骨盤

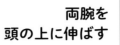

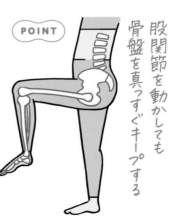

骨盤を真っすぐキープする

脚を上げる動きにつられて腰を反らないよう注意。また、おなかから力が抜けると、腰を丸めることで脚を上げようとします。おなかに力を込めたまま骨盤は真っすぐ立てておきましょう。

真っすぐ！
OK!

骨盤真っすぐ

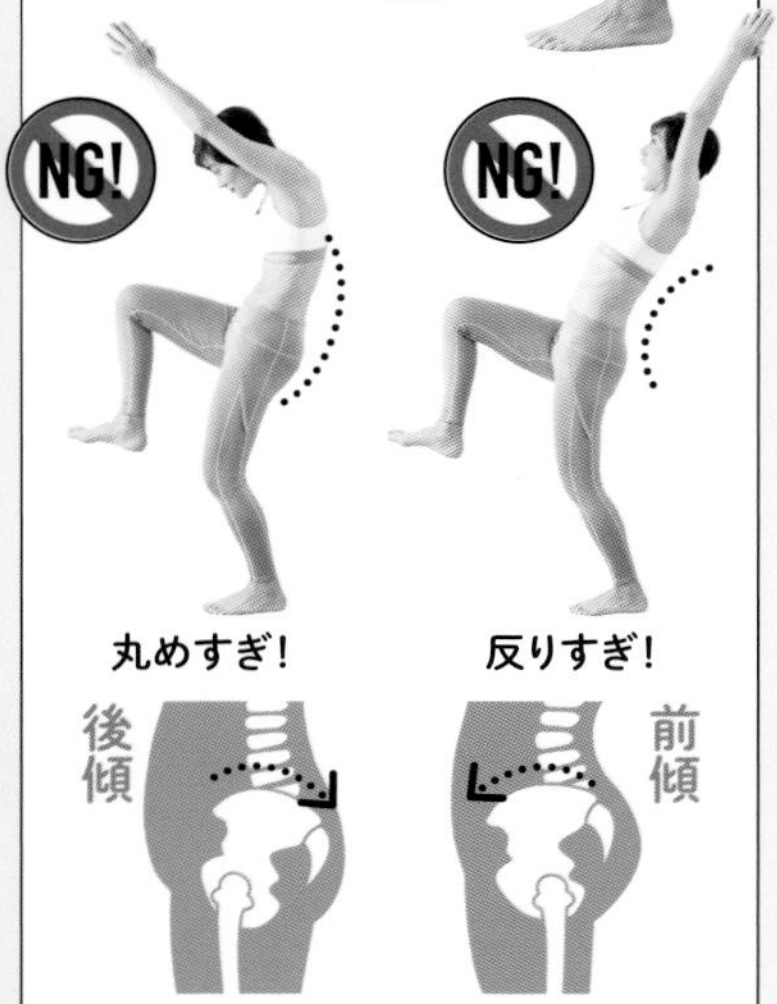
NG!
NG!
丸めすぎ！
反りすぎ！
後傾
前傾

フウ〜
右
息を吐きながらももを上げるよ

動画で確認！

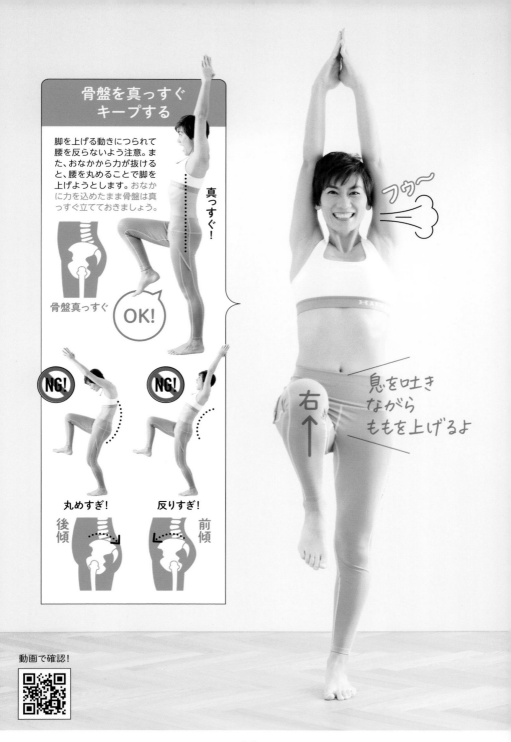

食事
ミッション

Week－4：Mission
【たんぱく質ちょこちょこ食べ】

目指すのは体重(kg)×1gのたんぱく質摂取

POINT

すぐ食べられるたんぱく質食材を常備

4週目はたんぱく質の摂取量を上げていきます。**1日にとりたいたんぱく質量は体重（kg）×1g。**体重50kgの人の1日摂取目安量は50gですが、朝はトースト、昼はそば、夜はパスタといった糖質に偏る食生活だと、不足しがち。とはいえ、肉や魚のおかずを毎食用意するのも大変です。

そこでおすすめしたいのが、調理いらずですぐ食べられるたんぱく質食材の活用。ツナ缶やちくわ、ゆで卵など、手間なしですぐ食べられるたんぱく質食材を常備。おかずに1品足したり、おやつ代わりに食べたり。ちょこちょこ食べで50gを目指しましょう！

主な食材のたんぱく質量

乳・卵

高たんぱく質ヨーグルト（1個 113 g）	12.0 g
鶏卵（全卵1個 60 g）	7.3 g
牛乳（1杯 150 g）	4.9 g
カテージチーズ（30 g）	4.0 g

大豆製品

木綿豆腐（1丁 300 g）	21.0 g
油揚げ（1枚 70 g）	16.4 g
絹ごし豆腐（1丁 300 g）	15.9 g
納豆（1パック 50 g）	8.3 g

加工品

さば缶詰水煮（1缶 160 g）	33.4 g
まぐろ缶詰油漬けフレークライト（1缶 80 g）	14.2 g
焼きちくわ（1本 70 g）	8.5 g
かに風味かまぼこ（1本 10 g）	1.2 g

肉（すべて100g）

鶏	むね（皮なし）	23.3 g
	もも（皮つき）	16.6 g
豚	もも	20.5 g
	ひき肉	17.7 g
牛	もも	19.2 g
	肩ロース	13.8 g

魚介

いか（1杯 190 g）	34.0 g
さんま（1尾 140 g）	25.3 g
まぐろ赤身（4枚 70 g）	18.5 g
まあじ開き干し（1枚 80 g）	16.2 g
べにざけ（1切れ 65 g）	14.6 g
まさば（切り身 70 g）	14.4 g
えび（1尾 24 g）	4.4 g

日本食品標準成分表2020年版（8訂）、一部市販品のデータを紹介しています。

つまぷるQ&A

「いつやるのが効果的？」「うまくつまめない！」など、
つまぷるについてよく聞かれる質問をまとめました！

Q 皮膚が赤くなっちゃった

A 強くつまみすぎていないか確認を

つまぷるしていると、ある程度は赤くなります。すぐに元の色に戻るなら心配ご無用。いつまでも赤かったり、指の跡が残るようなら、強くつまみすぎている可能性が。大福のあんが出ない強さか、チェックしてみて。

Q 1日のうちいつやるといい？

A 気がついたらいつでもやってOK

つまぷるは、いつやってもOK。習慣になりやすいタイミングで行うのがおすすめです。あえて挙げるとすれば入浴後。体が温まっているとつまみやすいですし、1日分の筋膜の引きつれをはがすと、めぐりがよくなり深く眠れます。

Q やってはいけないときはある？

A 満腹のときと妊娠中、手術後は避けて

食後30分以内など、満腹状態のときはつまぷるすると気持ち悪くなる恐れがあるので避けましょう。妊娠中やおなかの手術をした後も、やめてください。生理中は、痛みがひどくなければ、つまぷるしても大丈夫です。

Q 太っているのにうまくつまめません

A おなかドームならしをしてみて

おなかを伸ばしたまま、つまんでいませんか？　つまみたいほうへ上体を倒せば、つまめる脂肪の量は増えるはず。あるいは筋膜の引きつれが頑固で、おなかが硬いのかも。おなかドームならし(P.40)をしてから、再トライしてみて。

自分に合う
ペースで
続けてね!

Q 1日何セット やればいい?

A 1日1回を継続して!

決まりはありません。ただし、筋膜の引きつれをそのつどはがすことで、筋肉が正しく動きやすくなるのは事実。5セットやる日もあれば丸3日やらない日もあるという人より、1回ずつでも継続した人のほうが結果は出やすいです。

Q つまぷるが痛くて ツラいです!

A できる範囲から 少しずつ はがしましょう

筋膜の引きつれが強いほど、痛みは強いです。無理に大きく揺らすのはやめましょう。「おなかドームならしで少しほぐす」➡「つまめたらぷるぷる」➡「伸ばす」をくり返すうちに筋膜がはがれ、痛みも軽減します。

Q 痛みを感じなく なりました

A 筋膜がはがれた 証拠です!

試してほしいのですが、ひじより先の脂肪をつまんでぷるぷるしても、痛みを感じませんよね。普段から使っている部分は、筋膜がはがれていて痛くないのです。痛みが軽減したということは、筋膜がはがれた証拠。スッキリおなかは目の前です。

Q 時間がないとき どれか1個だけ やるとしたら?

A おなかドームならし です

おなかドームならし(P.40)は、おなかの筋膜が硬くならないよう予防する効果もあります。これだけでも毎日続けると、おなかがスッキリ! もうひとつできる余裕があれば、みぞおちはがし(P.42)もセットで続けてみて!

50代編集者のおなかも大変身

つまぷる体験実録

編集者T が、実際に「4週間つまぷるプログラム」にチャレンジ！
おなかがどう変化したのか、リポートします。

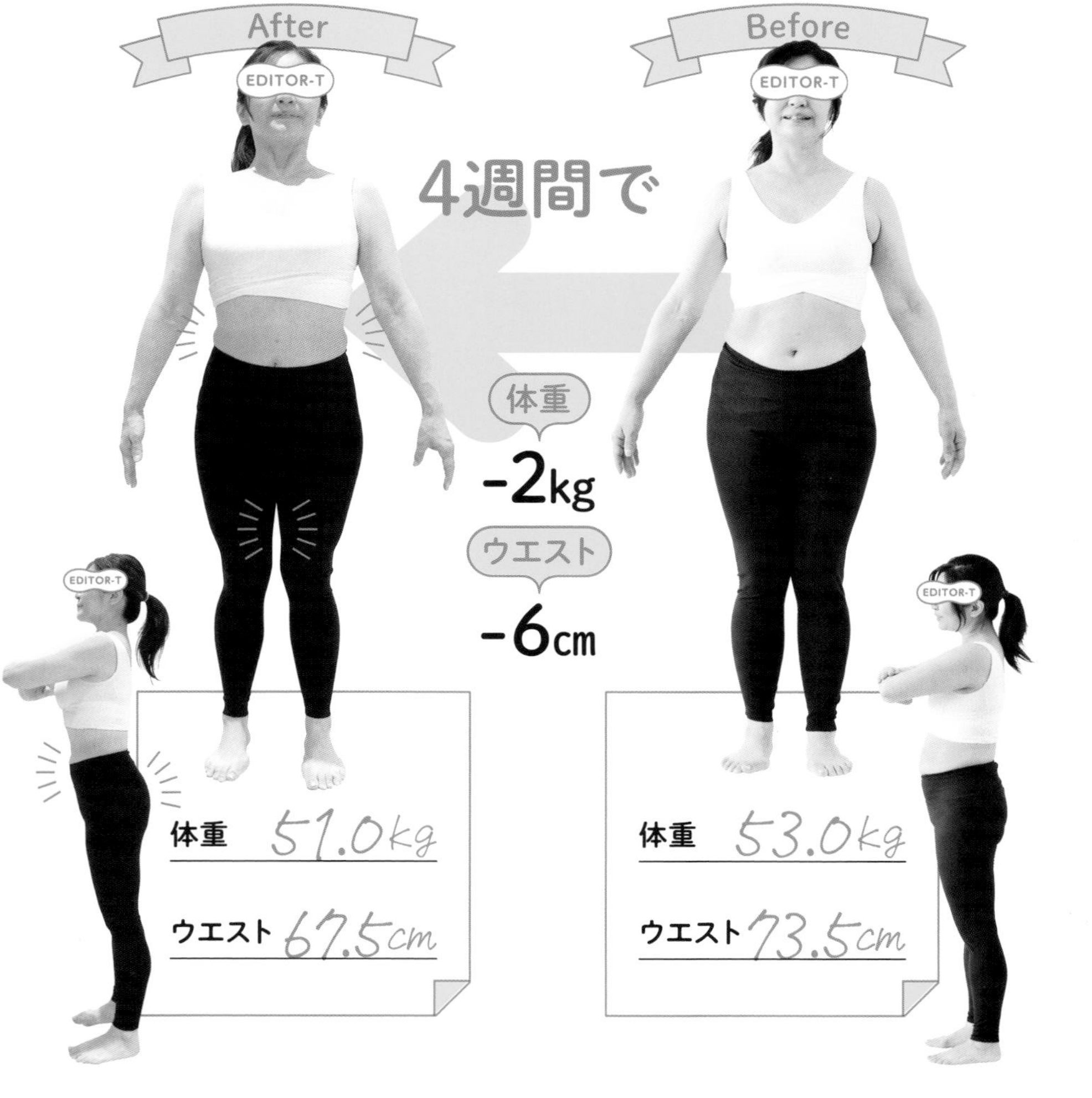
After
Before
EDITOR-T
EDITOR-T
4週間で
体重
-2kg
ウエスト
-6cm
EDITOR-T
EDITOR-T
体重 51.0kg
ウエスト 67.5cm
体重 53.0kg
ウエスト 73.5cm

プログラム開始前

運動は好きだけど継続は苦手……

ランニングやヨガなど気が向くとやるのですが、続かないのが難点。「今度こそ」とトライするも、すぐに挫折します。直近だと自宅で筋トレに挑戦。3kgやせたのですが、やめた途端、戻ってしまいました。健康やダイエットをテーマにした本を作っているので、カロリーや栄養表示はチェックしますが、それが食事制限につながりません……。

プログラム１～２週目

筋膜が硬すぎて脂肪をつまめない!?

最初のころは、脂肪をつまめず、筋膜が張りついていることを実感。「おなかドームならし」を集中的にやったところ、１週間でようやくつまめるようになりました。つまめば脂肪は柔らかくなるんですね。２週目に入ると、つまぷるしているだけなのに、体重が１kgダウン！　引き締め呼吸は仕事の合間にもやりやすいので、意識してやっていました。

プログラムを終えて

めちゃくちゃラクだったのにしっかり結果が出た！

４週終えてウエストは6㎝減。くびれが復活し、横から見たフォルムもほっそりしました。粉もの全カットがどうしてもできず、「大麦だし」といいわけしながら１日おきにビールを飲むというユルユルぶりでしたが、うもれていた肋骨が出てきたり、スカートに余裕ができたり、明らかにやせました。今までのダイエットで史上最高にラクだったかも。これからもユルッと続けていけそうです！

粉ものハーフの日の昼食。コンビニで豆腐干麺とおにぎりをセレクト。小麦粉食品なしでも満足

腰痛も少々あったため腰肉はがしがお気に入りで念入りにやりました

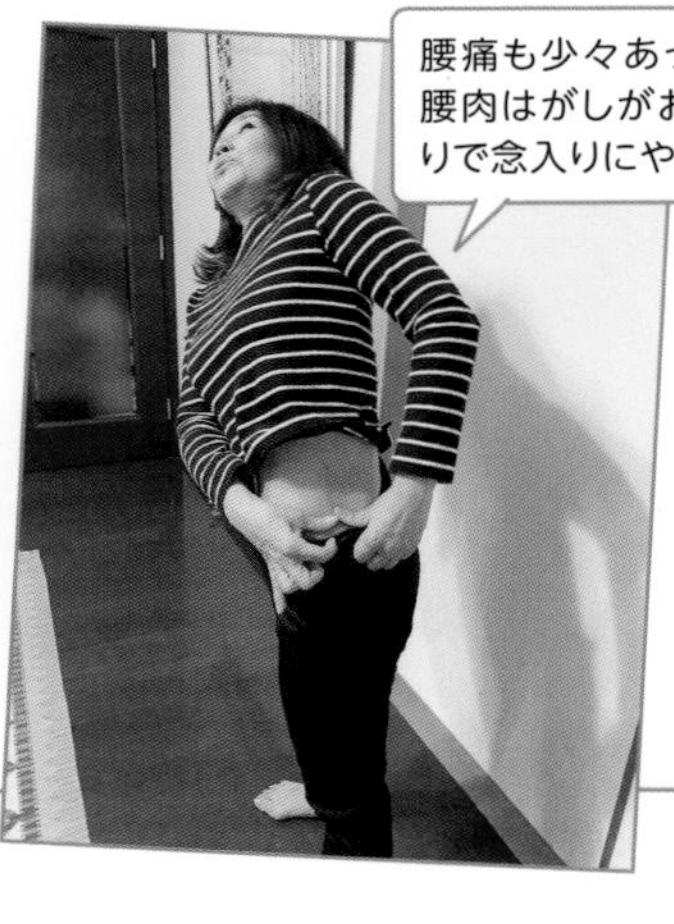

デスクワークで姿勢を崩さない

お手軽 整えテク

万能耳つまぷる

耳のつけ根あたりは、顎関節《がくかんせつ》のゆがみや過緊張、ストレスで肩に力が入る影響などで、筋膜が引きつれやすいポイント。ここの血行が悪くなると全身の血行も停滞します。つまぷるでスッキリさせましょう。

1

30秒

人さし指と中指で耳を挟んで引き上げる

両手のひらをほおに当て、人さし指と中指で耳を挟みます。そのまま顔ごと引き上げるイメージで耳を斜め上に。戻しては再び引き上げるという動きを30秒続けます。

長時間のデスクワークは、悪い姿勢がクセづいて、筋膜が引きつれる最大要因。そこで、デスクワーク中に手軽にできる整えテクを紹介。取り入れて引きつれを予防しましょう。

耳のつけ根を頭から
引きはがすイメージで

NG! 耳たぶだけ引っ張ってはダメ

刺激したいのは耳たぶではなく耳のつけ根。根元に刺激を感じるようしっかり引っ張って。

2

30秒

耳を引っ張りながら口を開け閉めする

耳をつかんで外に引っ張ります。そのまま口を大きく開け閉めしましょう。30秒続けます。

ヒップアップ座り

座るときのしぐさで、座った後の姿勢が変わります。お尻を持ち上げて座れば、背すじは真っすぐに！ 背中が丸まってきたなと思ったときも、ぜひこのテクで座り直して姿勢をリセットして。

1

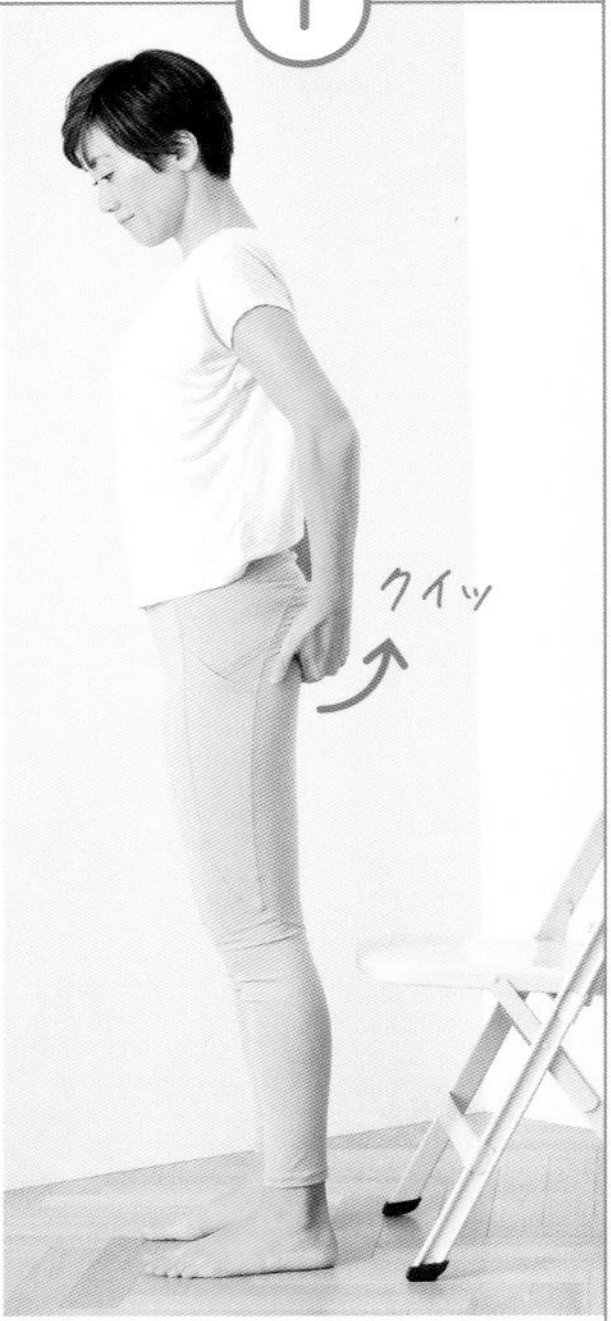

お尻を手で持ち上げる

2

お尻を持ったまま腰を下ろし……

3

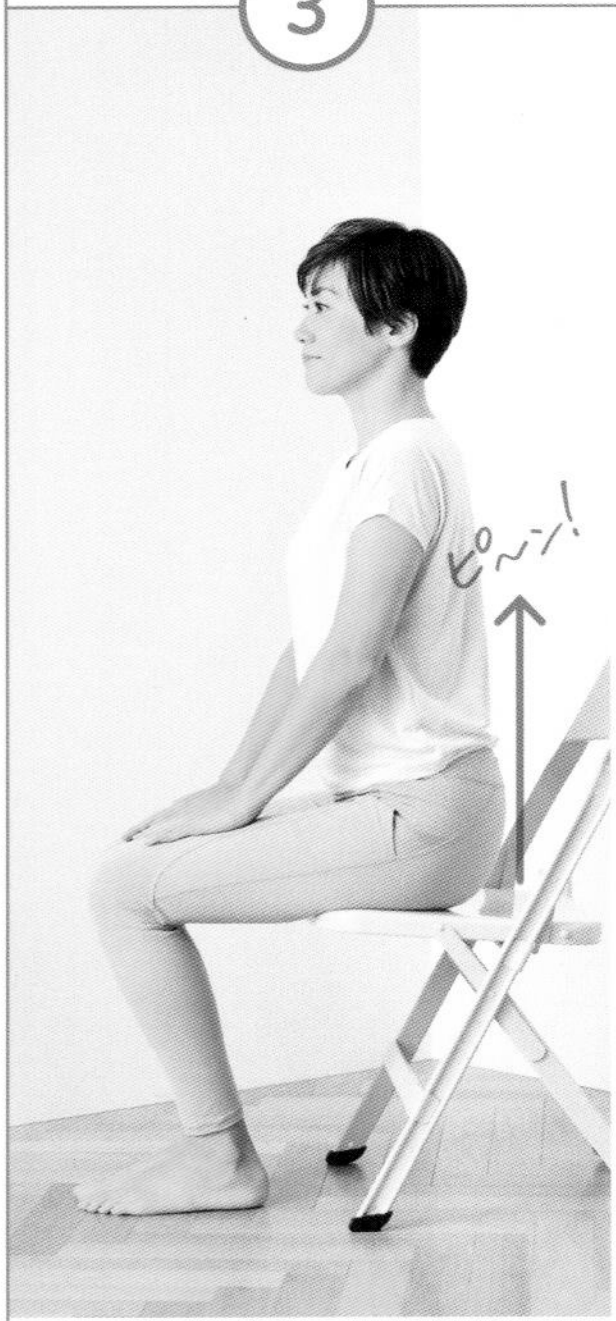

座骨を立てて座る

NG!

お尻を下げると猫背になりやすい

1

2

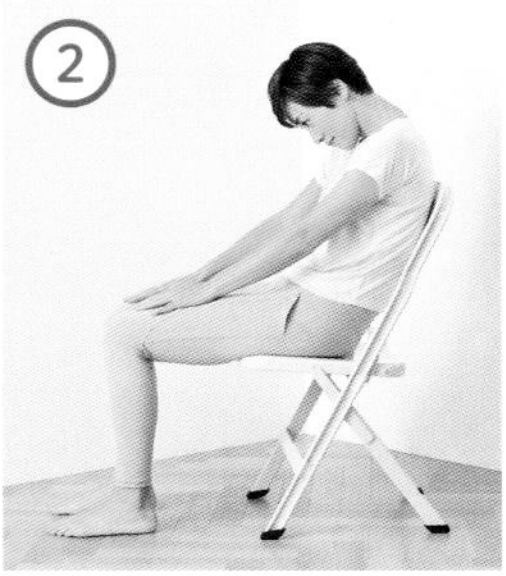

お尻をなで下ろしながらいすに座ると腰が丸まりやすく、猫背を招き寄せることに。スカートのときにやりがちなので、注意しましょう。

第3章

40代以降のお悩み

つまぷる＆マッサージで
すべて解決！

ムダ肉、たるみ、冷え……

40代以降のお悩みに
つまぷるが効くわけ

筋膜の引きつれは全身で起きている!

筋膜が引きつれるのは、おなかまわりだけではありません。腰や太もも、胸など全身どこでも、姿勢のアンバランスや筋肉の動きの悪さで筋膜は癒着し、体の動きを制限します。するとそこに脂肪がついたり、血行が滞って痛みが発生するなどの不調が発生するのです。

40代以降に多いムダ肉やたるみ、冷えといったお悩みは、長年かけて固着させた筋膜の引きつれによるものがほとんど。**つまぷるで引きつれをはがせば筋肉が正しい位置に戻り、本来の働きを取り戻してくれる**のです。

40代以降の方から多く寄せられるお悩みを、ピンポイントで解決に導く方法をご紹介します。

40代以降に多いお悩み全身MAP

40歳を過ぎると多く出てくるお悩みをピックアップ。
すべてつまぷる＆マッサージで解消できます！

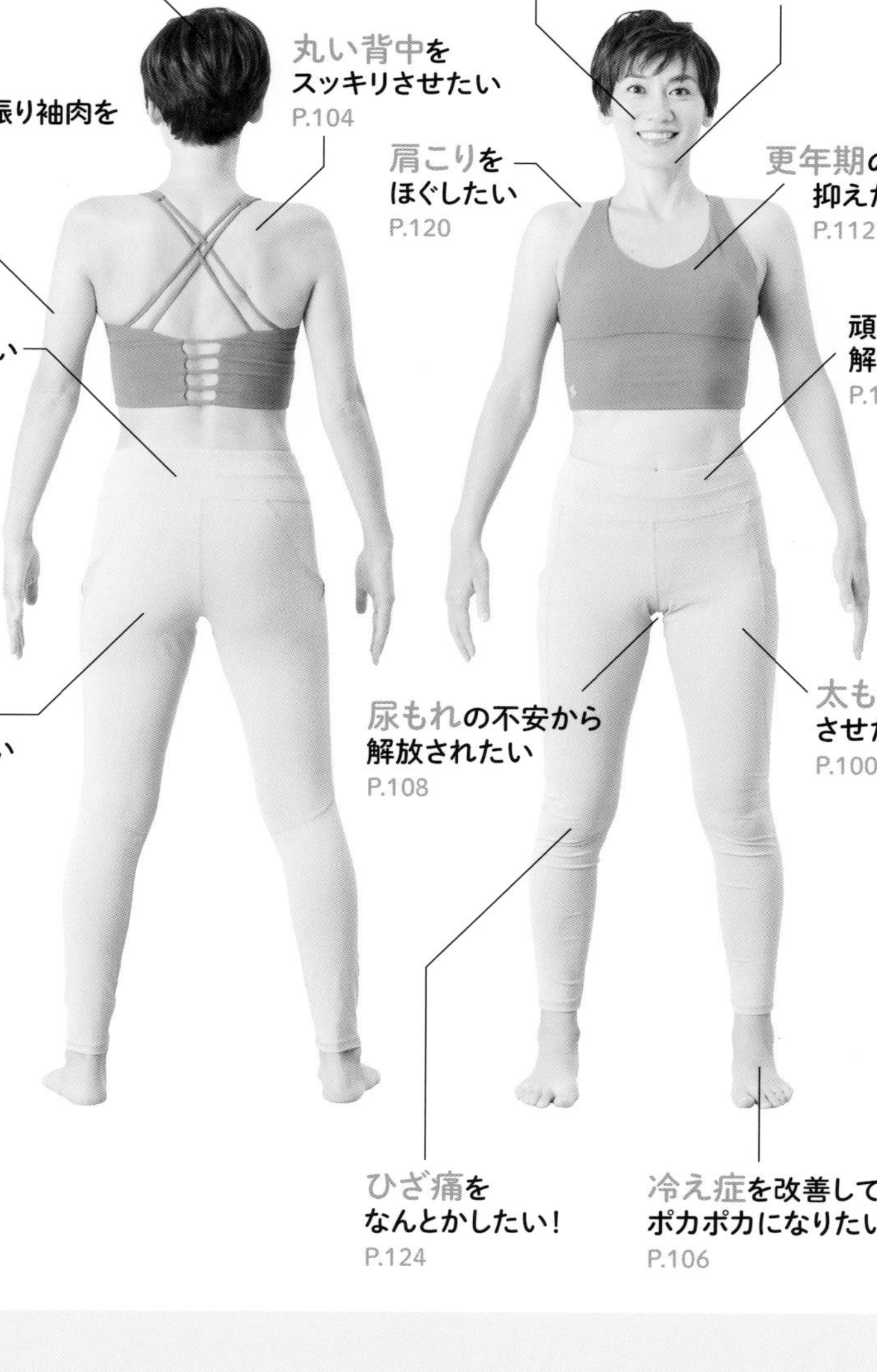

白髪・ペタ髪を
黒々ふんわりさせたい
P.114
二の腕の振り袖肉を
取りたい
P.102
丸い背中を
スッキリさせたい
P.104
腰痛を
やわらげたい
P.122
タレ尻を
引き上げたい
P.98
ほうれい線を
薄くしたい
P.118
二重あごを
スッキリさせたい
P.116
肩こりを
ほぐしたい
P.120
更年期のイライラを
抑えたい
P.112
頑固な便秘を
解消したい
P.110
尿もれの不安から
解放されたい
P.108
太ももをほっそり
させたい
P.100
ひざ痛を
なんとかしたい！
P.124
冷え症を改善して
ポカポカになりたい
P.106

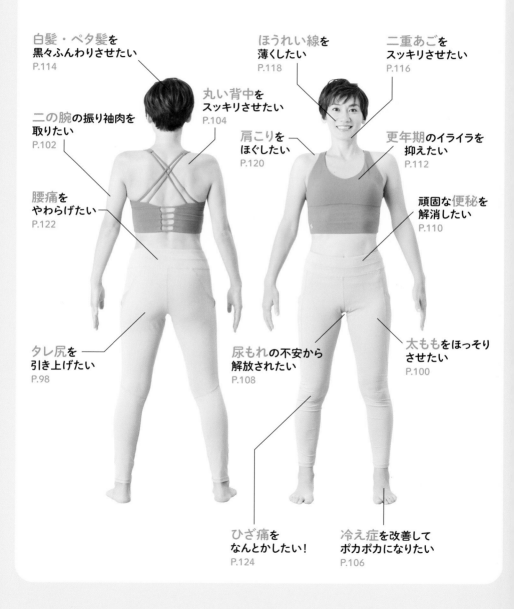

ONAYAMI

お悩み 01

［HIP］

タレ尻を引き上げたい

#タレ尻 #ワイド尻
#お尻が大きい
#お尻と太ももの境目
#お尻下部の筋膜
#引き下げられてタレる

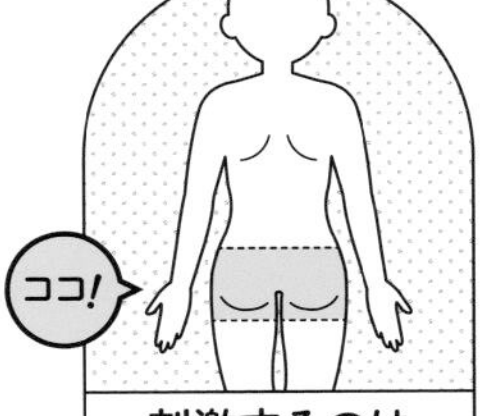

ココ!

刺激するのは

お尻

【問題点】

お尻下部の筋膜引きつれ が お尻を引き下げる

解決策

タレ尻は、お尻の筋肉の衰え＋お尻下部の筋膜引きつれが原因。お尻下部が引きつれていると、お尻に力を入れにくいうえ、どうしてもお尻がタレて見えるのです。そこで、お尻の筋膜はがし&ストレッチ。強い刺激は不要です。結んだタオルをお尻の硬いところに当てて、ゆらゆら揺らしてはがしましょう。

引き下げる力が消えてお尻に力が入れば、勝手にプリンと上がります。

お尻の筋膜はがし

1 30秒 お尻にタオルを敷きゆらゆら揺れる

あおむけになり結んだタオルを左のお尻の下に。少しずつ場所を変えながら、お尻全体を刺激します。

痛すぎず
ちょうどいい刺激♡
フェイスタオルを
2回結ぶとベスト!

2 立てた右ひざに左足首を引っかけて……

3 右ひざを両手でつかんで引き寄せる

30秒

息を吐きながら、両手で右ひざをつかみ、胸に引き寄せます。左のお尻に伸びを感じて30秒キープしたら、左右を変えて同様に、1～3を行います。

動画で確認!

ONAYAMI
お悩み
02

[LEG]

太ももをほっそりさせたい

#太ももが太い
#プリーズ! すき間
#筋トレするとゴツ脚
#鍛えちゃダメ #ほぐす
#はがして細くする

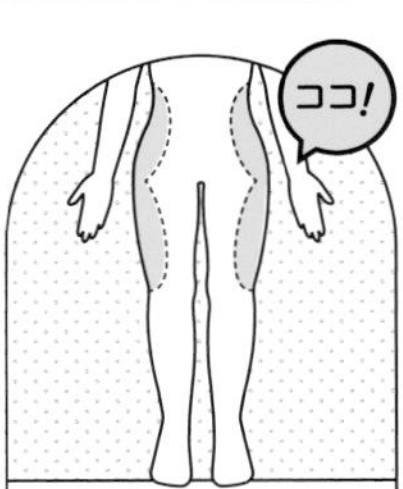

刺激するのは
外もも/お尻

ゆるめに結ぼう

フェイスタオルを
2回結ぶとベスト!

外ももの筋膜はがし

1 左右各30秒 外ももにタオルを敷き ゆらゆら揺れる

左を下に横向きに寝て、結んだタオルを左ももの下に。5回ほど揺れたら場所を変え、外もも全体をほぐします。

これでもOK!

外ももをつまぷる

両手で外ももの脂肪を下からはがすように持ち上げてつまみ、大きく上下に揺らしてもOK。タオルを用意するのが面倒なら手で、手が疲れるのがイヤな人はタオルではがして。

グイッとつまんで
ぷるぷる

【問題点】

日常動作のNGグセで外ももがパンパンに！

解決策

太ももを細くしたい人が最初に脚のトレーニングをするのは逆効果。というのも、太ももが太い原因の多くは、偏って筋肉を使いすぎているから。例えば下のように片脚に体重をかけた片脚立ちをしていませんか？　この姿勢は外ももの筋肉を硬くする最悪姿勢。解消には**つまぷるで外ももの筋膜はがし**を。お尻のストレッチもあわせて行うと太ももはスルッと細くなります。

これが脚を太くする 片脚立ち！

2 お尻のストレッチ

お尻をストレッチする（P.99 参照）

お尻をほぐすと、太ももはスルッと細くなります。外ももの筋膜はがしとお尻のストレッチをセットで行いましょう。

左右各 30 秒

動画で確認！

ONAYAMI

お悩み

03

［ARM］

二の腕の振り袖肉を取りたい

#振り袖 #夏くるの怖い
#ノースリーブNG
#腕立てしてもダルダル
#腕を曲げてもダメ
#後ろに引ける腕

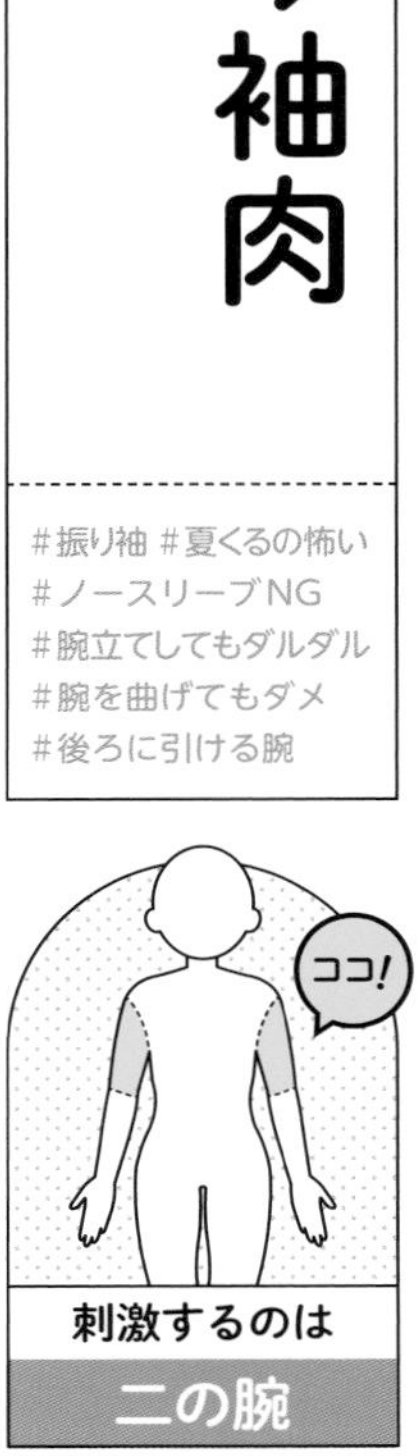
ココ!

刺激するのは

二の腕

二の腕の筋膜はがし

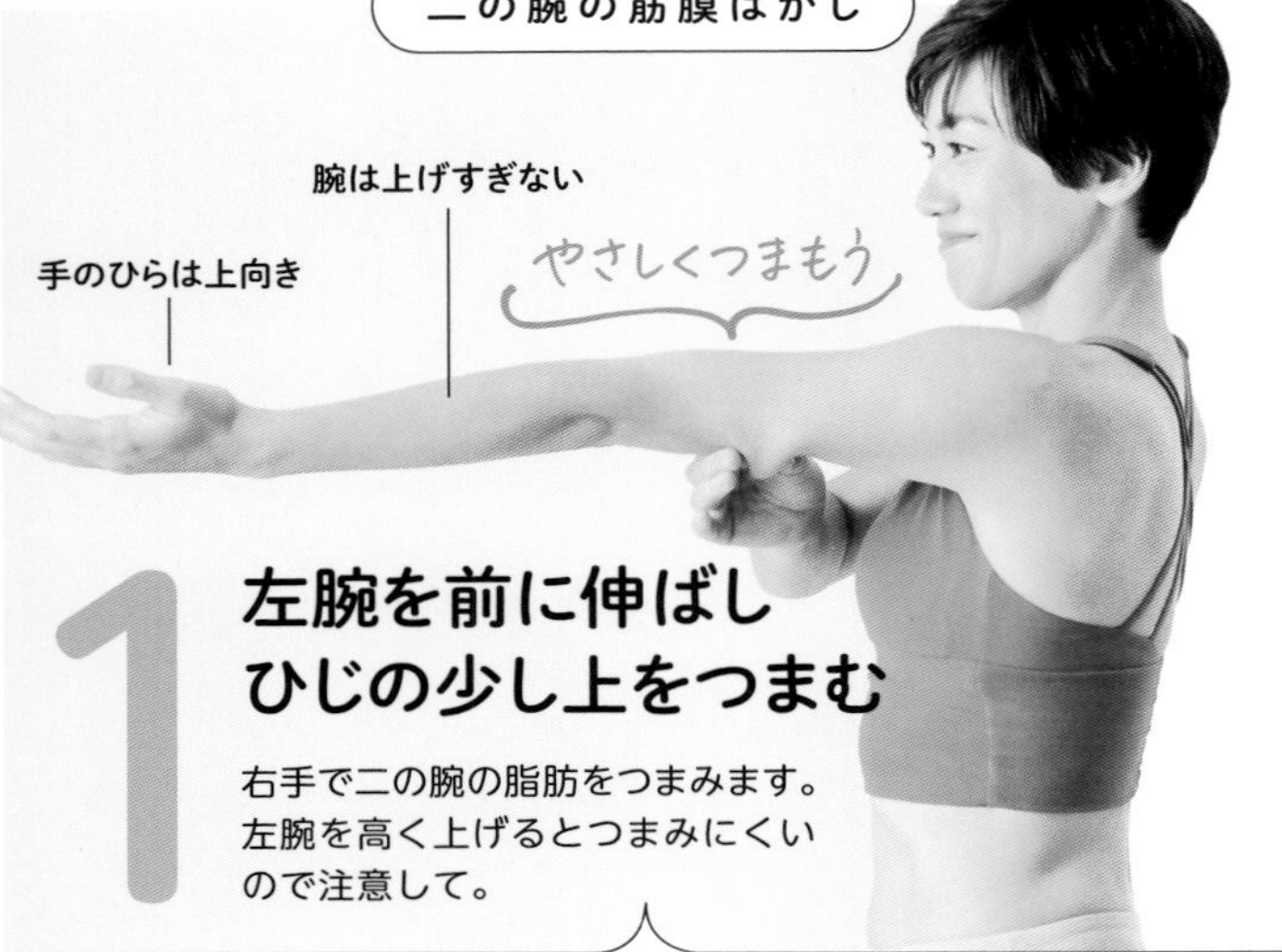
腕は上げすぎない
手のひらは上向き
やさしくつまもう

1 左腕を前に伸ばし ひじの少し上をつまむ

右手で二の腕の脂肪をつまみます。左腕を高く上げるとつまみにくいので注意して。

つまむ方向は横!

つまむ向きが超重要! 腕に対して縦ではなく、横につまんで。

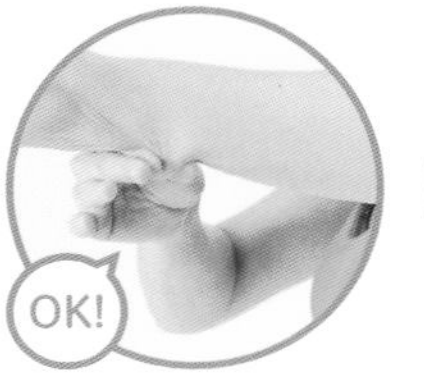
OK!

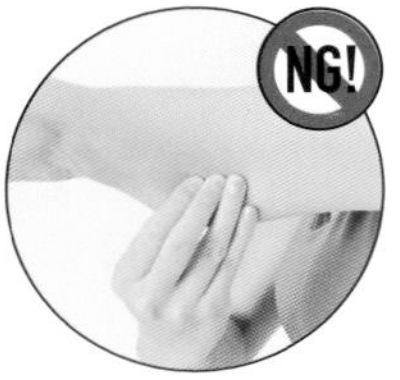
NG!

2 ひじを曲げて 腕を上げる

二の腕をつまんだままひじを曲げ、曲げたまま腕を上げます。少しずつつまむ位置を上げながら、1、2をくり返して。

上げる←── 曲げて
手は外れてOK!
30秒

【問題点】

二の腕は後ろに引かないと肉がつく

解決策

重いものを持ち上げるなど、腕を曲げて力を込めると、腕の力こぶ側が鍛えられます。一方、振り袖側は、腕を後ろに引かないと怠けっぱなしに。すると筋膜が引きつれ、ますます脂肪がつくことに。まずは筋膜はがしで腕を伸びやすくしてあげてから、ストレッチで腕の可動域をアップ。しっかり後ろに引けるように、腕を整えていきましょう。

二の腕のストレッチ

3

ひじを後ろに引いてキープする

30秒

2のポーズから、左ひじを右手で後ろに引き、深呼吸しながら30秒キープ。二の腕の伸びを感じましょう。左右を変えて1〜3を同様に行います。

動画で確認!

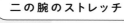

ONAYAMI

お悩み

04

[BODY]

丸い背中をスッキリさせたい

#背中 #猫背
#肩こり #背中痛
#首の後ろの肉
#背筋ほぐし
#原因は胸

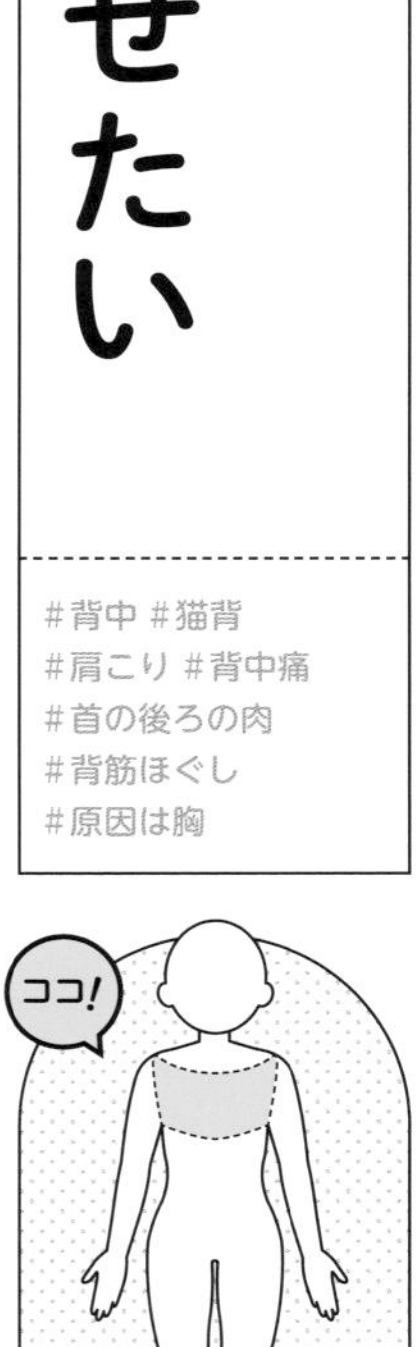
ココ!

刺激するのは

胸

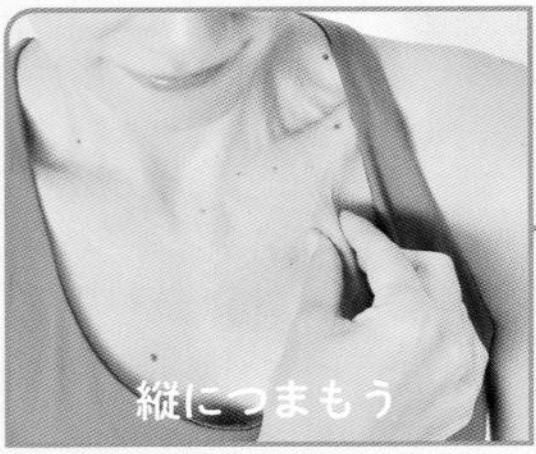
縦につまもう

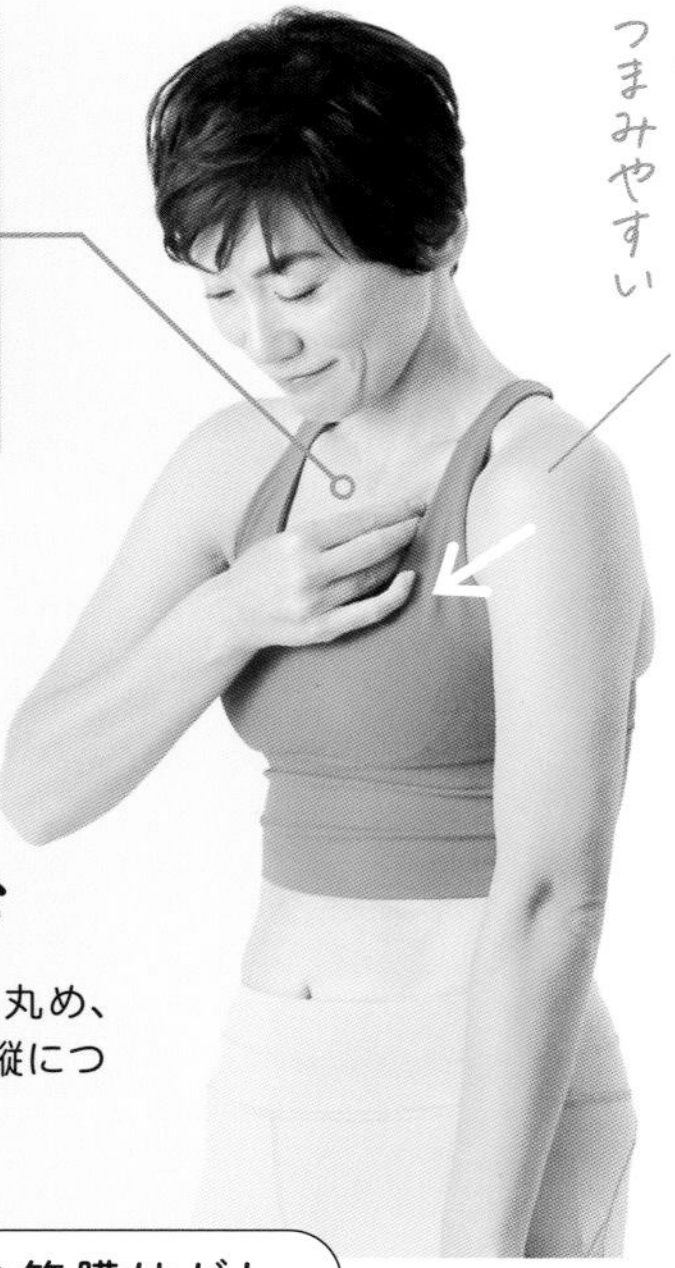
肩を前に出すとつまみやすい

1 胸の上を縦につまむ

左肩を前に出して丸め、左胸の上を右手で縦につまみます。

胸の筋膜はがし

2 胸を広げてつまんだつけ根を引っ張る

左右各30秒

丸めていた左肩を腕を後ろに引きながら開きましょう。つまむ位置を変えながら30秒続けます。

手は外れてOK!
手のひらは外に向ける

【問題点】

胸が縮むと背中は丸くなる

解決策

背筋運動だけでは、背中の肉は落ちません。というのも背中が丸くなる原因は胸にあるから。猫背の姿勢を続けることで胸の筋肉が縮み巻き肩に。前に引っ張られた肩甲骨が背中の筋肉にめり込み、背中が丸くなるのです。硬くなった胸の筋膜をつまぷるではがしてから、肩甲骨を正しい位置に戻すストレッチを。肩甲骨が寄り、美背中になっていきます。

胸のストレッチ

3

両手を後ろで組んで引き上げる

腕を引き、両手を後ろで組みます。そのままゆっくり腕を引き上げましょう。胸が伸び、肩甲骨が寄るのをを感じること。深呼吸しながら10秒キープします。

10秒 × 3回

動画で確認!

ONAYAMI

お悩み 05

[FOOT]

冷え性を改善してポカポカになりたい

#冷たくて眠れない
#足指 #ふくらはぎ
#第２の心臓 #血行
#足指間 #足指の筋膜
#足指でパー

刺激するのは

ふくらはぎ/足先

ふくらはぎの筋膜はがし

1 アキレス腱の少し上をつまむ

アキレス腱の少し上あたりの脂肪を、指でつまみます。

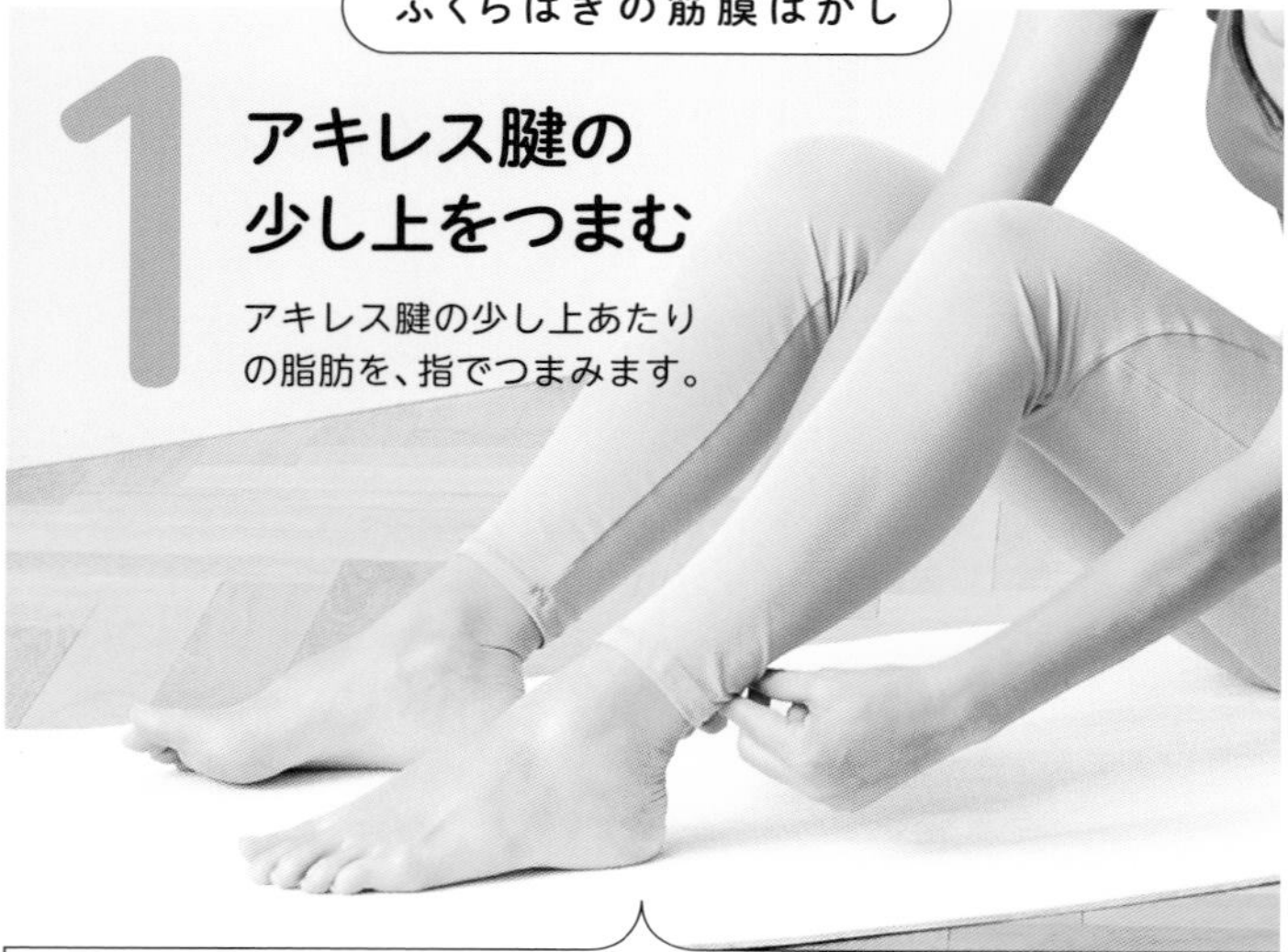

つまむ方向は横!

つまむ向きが超重要! 足に対して縦ではなく、横につまんで。

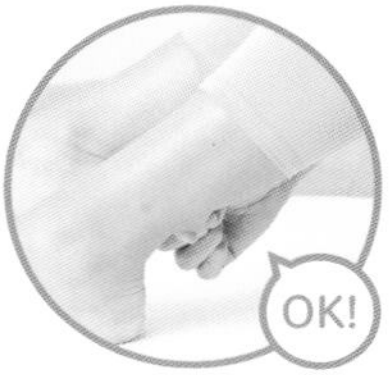

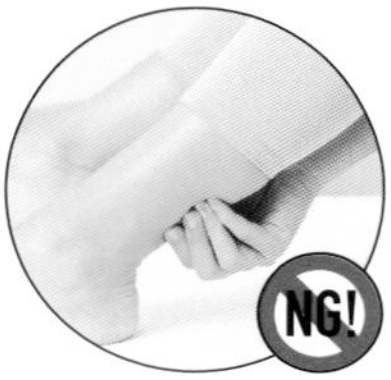

2 足先を引き上げる

足首を曲げて足先を引き上げます。少しずつ位置を上げながら、ひざの下まで１、２をくり返して。

左右各30秒

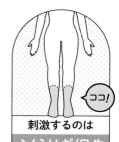

【問題点】

足先の血行が鈍ると全身が冷える

解決策

冷えの原因は足先の血行不良。血流が1か所で滞ると、全身へのめぐりも悪化。最も滞りやすいのが、心臓から遠い足先です。血行促進のカギはふくらはぎ。第2の心臓といわれるふくらはぎの筋肉がしなやかになれば、血液をグイグイ押し流してくれます。足指の間の筋膜の引きつれも足先の血行不良の原因なので、筋膜はがしをすることで足先が温まります。

足指の筋膜はがし

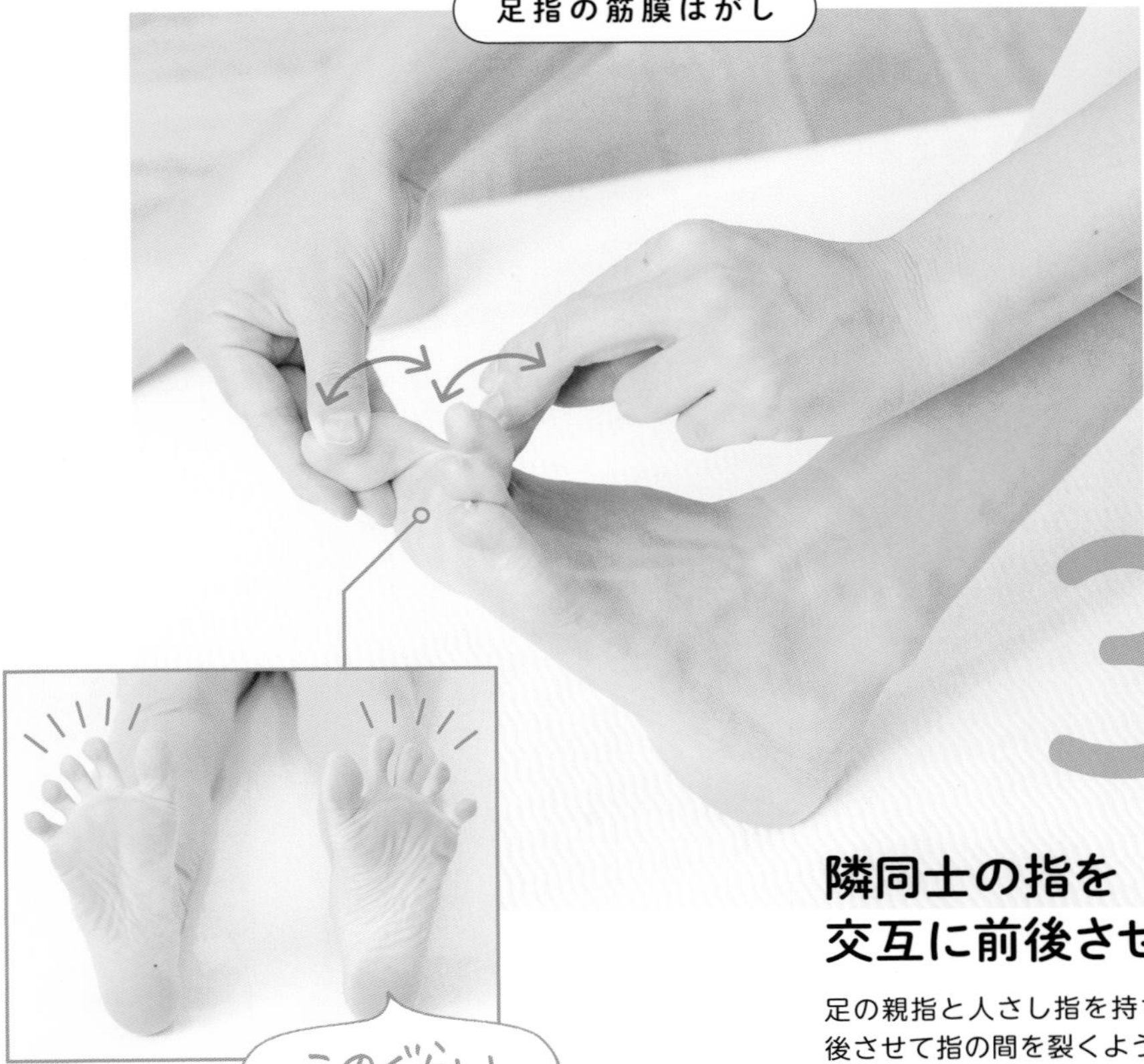

動画で確認！

3

隣同士の指を交互に前後させる

足の親指と人さし指を持ち、前後させて指の間を裂くように開きます。交互に5回くり返すこと。両足すべての指で、同様に行いましょう。

各指5回

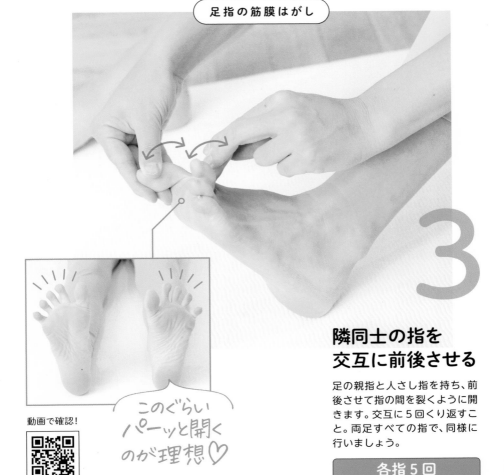

ONAYAMI

お悩み

06

[UROLOGY]

尿もれの不安から解放されたい

#尿もれ #産後 #花粉症
#くしゃみ怖い
#ジョギングできない
#パッド必需品
#骨盤底筋群

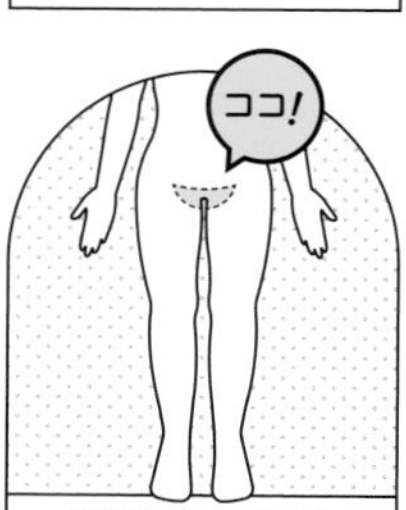
ココ!

刺激するのは

骨盤底筋群

【問題点】

骨盤底筋群が緩んでいる

解決策

尿もれに悩む女性は多いもの。原因は、膣、尿道、肛門をコントロールしている骨盤底筋群の衰えです。改善には骨盤底筋群のトレーニングが最適ですが、「骨盤底筋群を引き締める」感覚が難しいのが難点。そこでおすすめなのが、タオルを膣から肛門にかけて当てるというひと工夫。タオルを当てておしっこをガマンするように骨盤底筋群を引き締めると、筋肉が動くのを実感できます。

骨盤底筋群のトレーニング

両足は
軽く開く
6PACK
40+UB
フェイスタオルを
クルクル丸める

1

丸めたタオルにまたがって座る

丸めたタオルが膣から肛門にかけて当たるよう、またがって座ります。

2 おしっこを ガマンするように 膣に力を込める

1分

おしっこをガマンする要領で膣に力を込めます。タオルに当たっている筋肉が動くのを感じること。緩めては力を込めるという動きを1分くり返して。

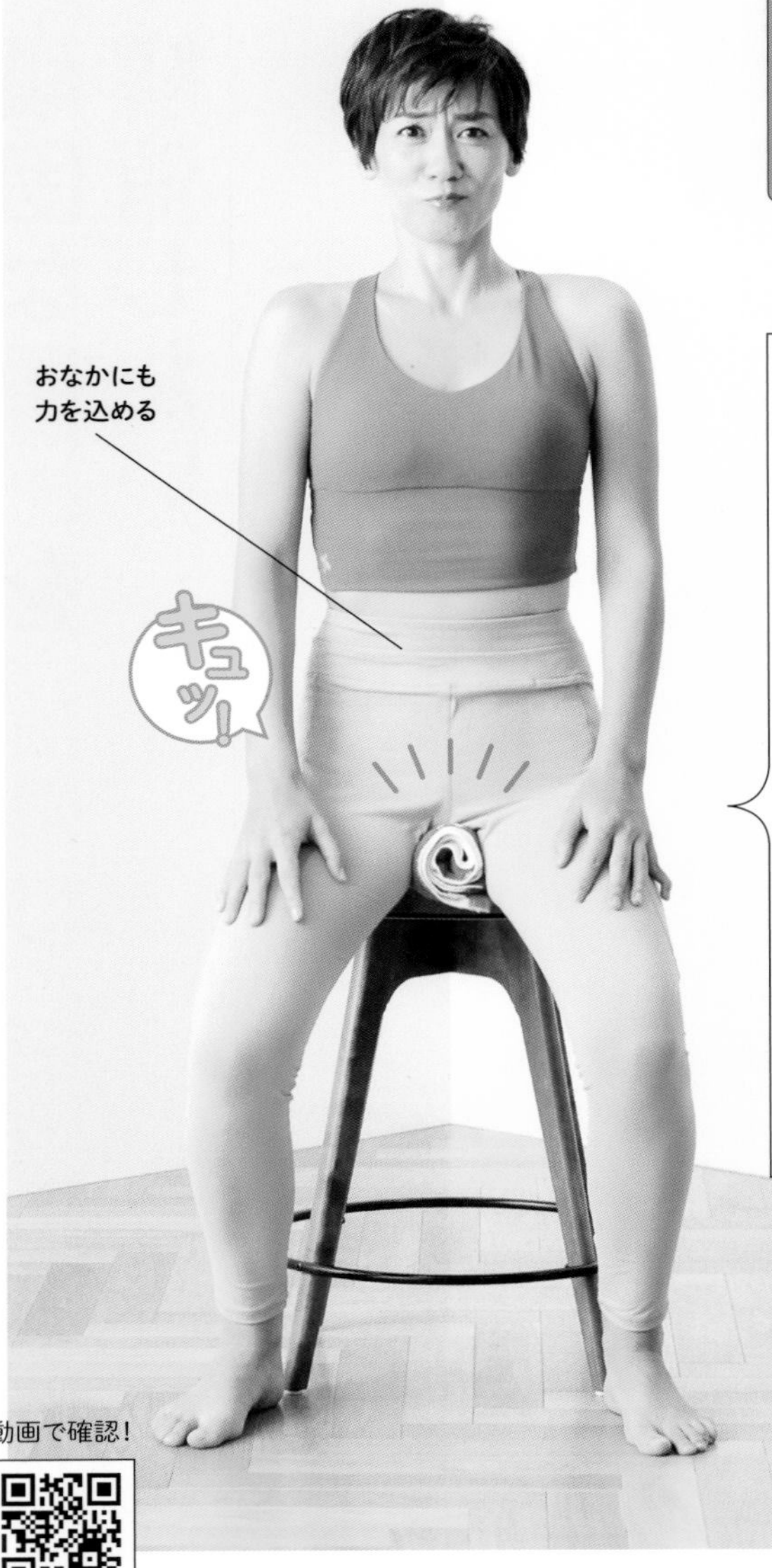

おなかにも
力を込める
キュッ!

力を込めるときは
ティッシュをシュッと
吸い上げるイメージ
ユル

動画で確認!

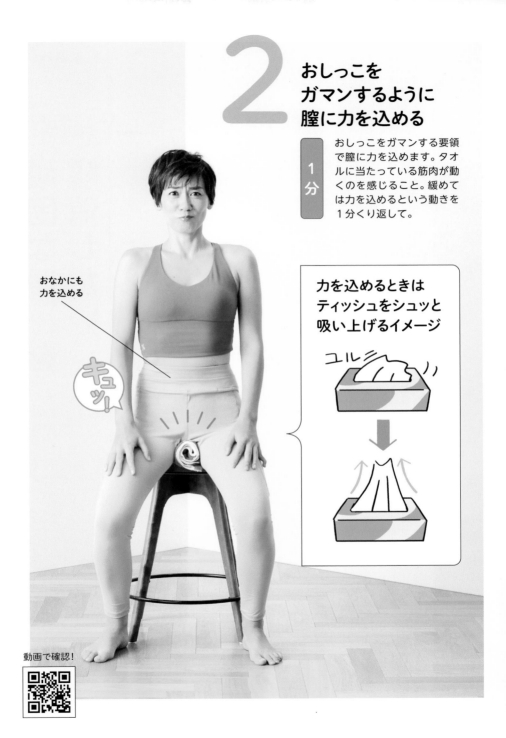

ONAYAMI

お悩み

07

[COLON]

頑固な便秘を解消したい

#便秘 #ガス腹
#おなかの張り
#腸が動かない
#「の」の字マッサージ
#解消には腹式呼吸

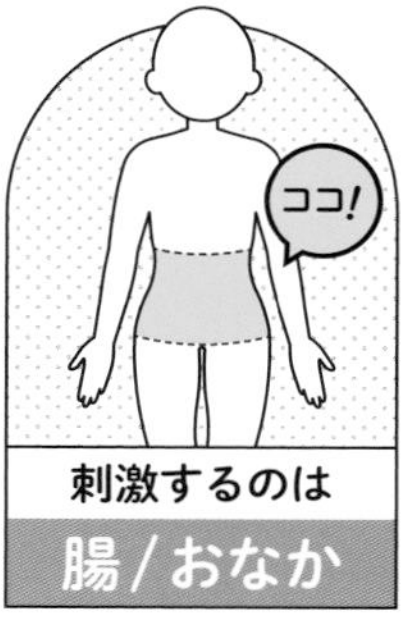

ココ!

刺激するのは

腸/おなか

【問題点】

腸の動きが悪い

解決策

便は腸で作られ、ぜん動運動で送られます。その腸の動きが悪ければ、当然、便秘がちに。**腸を動かす方法**が腹式呼吸です。大きく腹式呼吸すれば腸も刺激されます。おなかをひねるストレッチをしながら腹式呼吸をするのもおすすめ。外部から刺激することでも腸を刺激できるので、大腸に沿って「の」の字につまぷるするのもおすすめです。

小腸・大腸のトレーニング

1 足を広げてしゃがみ、腹式呼吸する

足を大きく広げてしゃがみます。そのまま腹式呼吸を1分続けましょう。

1分

フゥ〜
ひじでひざを押し広げる
息を吐いておなかを引っ込め
太ももからおなかを離す
名づけて「ドバドバポーズ」

これもおすすめ 腸つまぷる

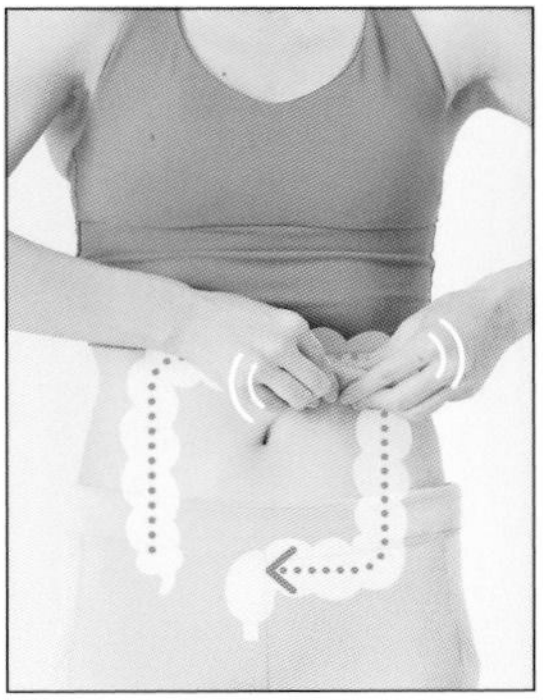

右下腹から腸の形に沿って つまぷるする

右下腹をつまぷるします。少しずつ位置を上げ、肋骨に当たったら左に。左の肋骨まで行ったら左下腹へ、位置を変えながらつまぷるを。

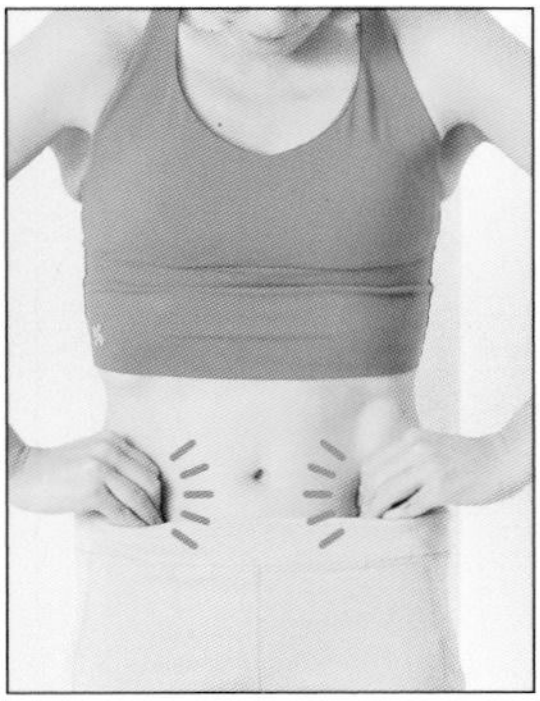

骨盤を強く押す

骨盤の裏側にある腸も刺激。両手同時に骨盤をつかみ、ギューッと圧迫します。10秒キープしたら少し休み、3回くり返して。

おなかのストレッチ

2 あおむけから右脚を左にひねってキープ

あおむけになり、右脚を体の左側へ倒します。左手で右ひざを押さえ、右肩は床に。おなかがひねられているのを感じながら腹式呼吸を30秒続けます。

左右各30秒

腹式呼吸をしよう
フウ〜
おなかをひねる〜
できる人は伸ばした手先に顔を向ける

動画で確認！

ONAYAMI

お悩み 08

[MENOPAUSE]

更年期のイライラを抑えたい

#更年期 #イライラ
#ホットフラッシュ
#コントロール不能
#女性ホルモン #脳
#自律神経

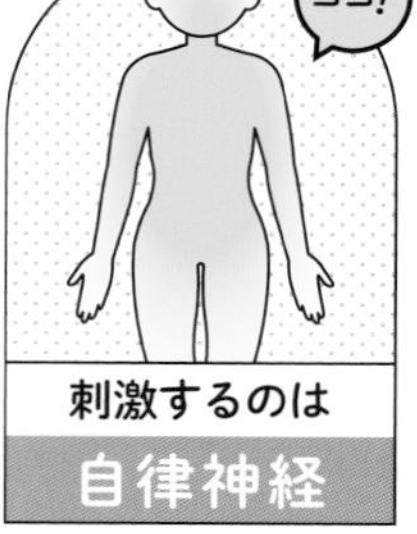

刺激するのは
自律神経

【問題点】

女性ホルモンの急激な減少に脳が混乱

解決策

更年期の不調は、女性ホルモンが急激に減り、脳が混乱するのが原因。自律神経がかき乱されます。自律神経は、意識でコントロールできない領域をつかさどっていますが、唯一意識で変えられるのが呼吸。深くゆっくり呼吸しましょう。みぞおちはがしで胸が広がれば、呼吸が深くなります。前向きな気持ちを高めるホルモンが分泌されるポーズも取り入れてみて。

呼吸のトレーニング

1 みぞおちはがしをする（P.42 参照）

肋骨まわりの筋膜の引きつれがはがれると、
肺が大きく広がり呼吸が深くなります。

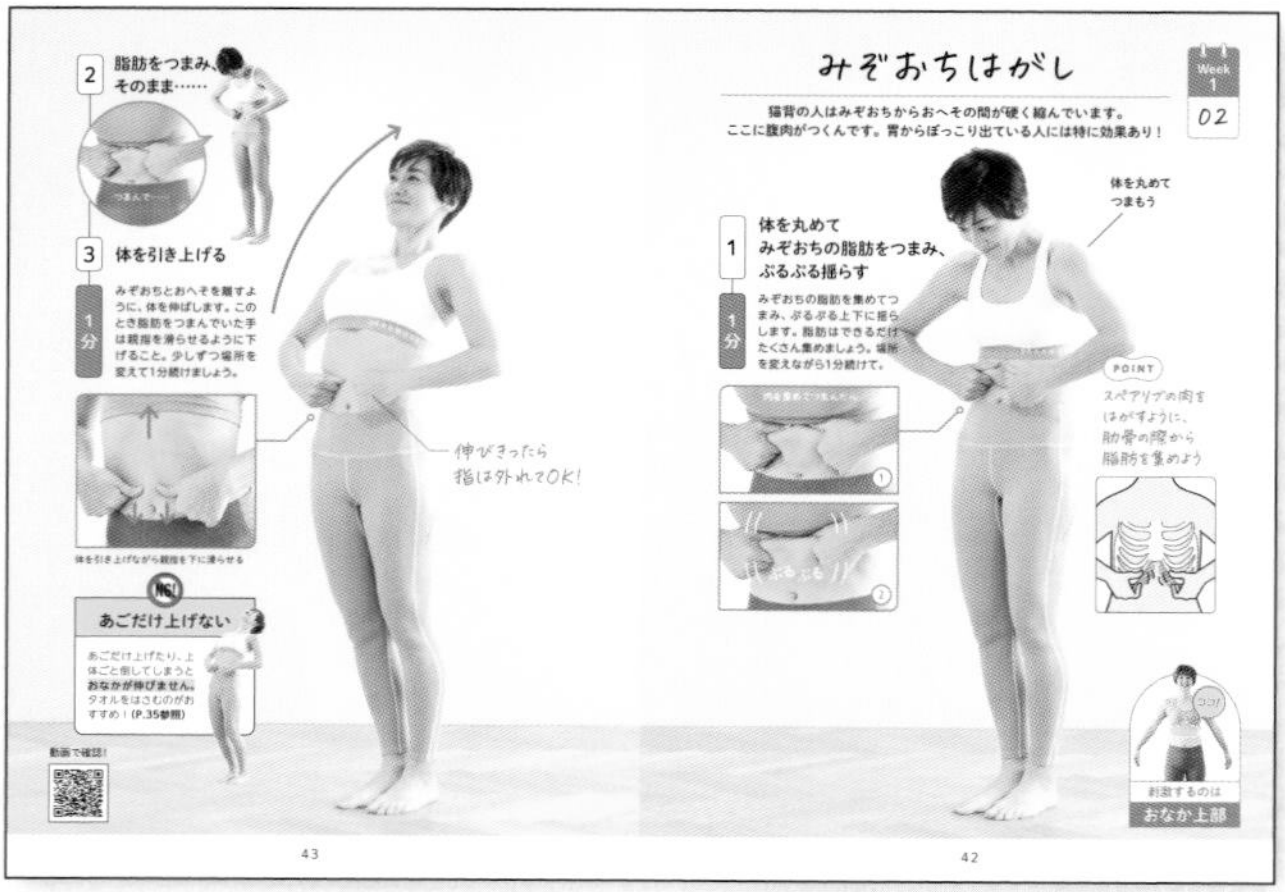

これもおすすめアゲぷる

ばんざいする

下記のパワーポーズと同様の効果が。「ばんざ〜い！」と声を出してもOK。

口角を上げる

口角をキュッと引き上げます。指で押し上げてもOK。鏡を見ながらやってみて！

前向きホルモントレーニング

2

パワーポーズをとる

20秒

足を腰幅に広げて立ち手は腰に。胸を張って笑顔をつくったら、「わっはっは！」と声を出しましょう。

わっはっは！

動画で確認！

ONAYAMI

お悩み

09

［HEAD］

白髪・ペタ髪を黒々ふんわりさせたい

#白髪 #ペタ髪
#髪が細くなった
#大人の髪悩み
#原因は頭皮
#頭にも筋膜

【問題点】

頭の筋膜が硬化して血流が悪い

側頭筋の筋膜はがし

1

こめかみをグーで押しグリグリ動かす

手をグーにしてこめかみに当てます。そのまま頭皮ごとグリグリ動かしましょう。位置を変えながら1分続けて。

1分

刺激するのは

側頭筋

気持ちよくて
リラックス効果も
バッチリ!

解決策

頭にも筋肉や筋膜があります。そして筋膜が硬くなったり引きつれたりしていれば、頭皮が硬くなり血行が悪化。毛根の血行が悪ければ髪に届く栄養が不足し、髪の元気がなくなっていくのです。解消には、**頭の筋膜をはがしてあげる**のが最適。頭部は脂肪が薄く、つまぷるするのは難しいので、頭皮ごと動かすようなマッサージではがしていきましょう。

2

頭皮をなでるのではなく
ウィッグをずらすイメージで!

頭頂に指を当て前後に動かす

両手とも指を広げて、頭頂の左右に指を当てます。頭皮を押しながら、前後にずらして刺激。少しずつ場所を変え、1分続けます。

1分

動画で確認!

【問題点】

あごの筋膜が硬いと脂肪がつきやすい

ONAYAMI

お悩み 10

［FACE］

二重あごをスッキリさせたい

#二重あご
#むくみ顔 #首のしわ
#老け見え
#あごの筋膜はがし
#原因は舌の衰え
#舌トレ

あごの筋膜はがし

1
親指をあご裏に
グイッと差し込む

あごをつまぷるする

親指と人さし指であごをつまみ、ぷるぷる揺らします。あご先から耳の下まで位置を変えながら30秒続けましょう。

左右各30秒

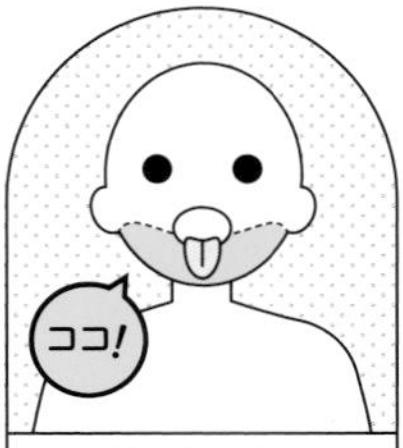
ココ!

刺激するのは

あご&舌のつけ根

解決策

あごの筋膜が硬いと、顔の筋肉である表情筋が動きにくくなり、あごまわりに脂肪や水分がたまることに。フェイスラインがたるんだり、二重あごになったりするのです。つまぷるで筋膜をはがしてあげましょう。仕上げは舌トレ。舌のつけ根はあごのあたりにあるので、**舌を動かすことであごまわりの筋肉を刺激**。ムダな肉が落ち、シャープになっていきます。

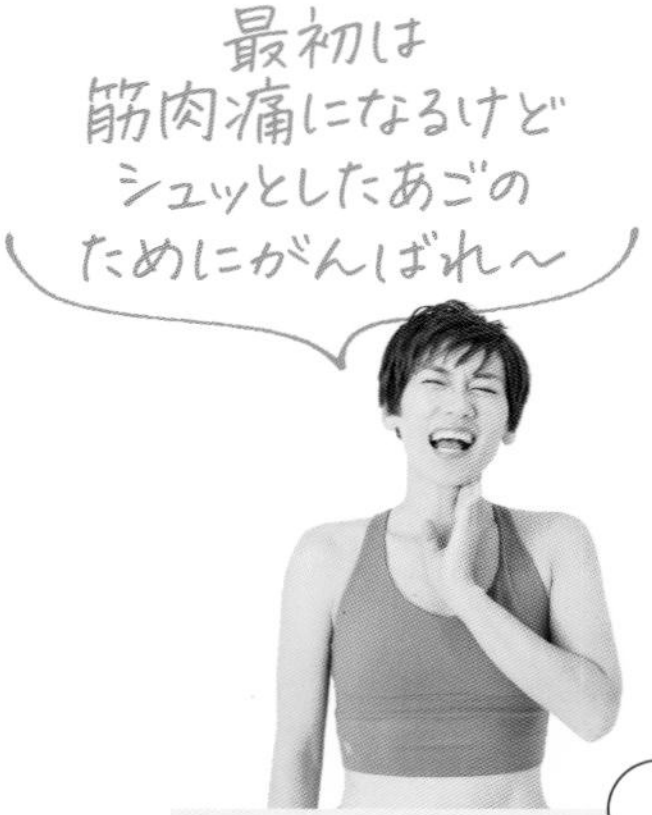
最初は
筋肉痛になるけど
シュッとしたあごの
ためにがんばれ〜

舌のトレーニング

2

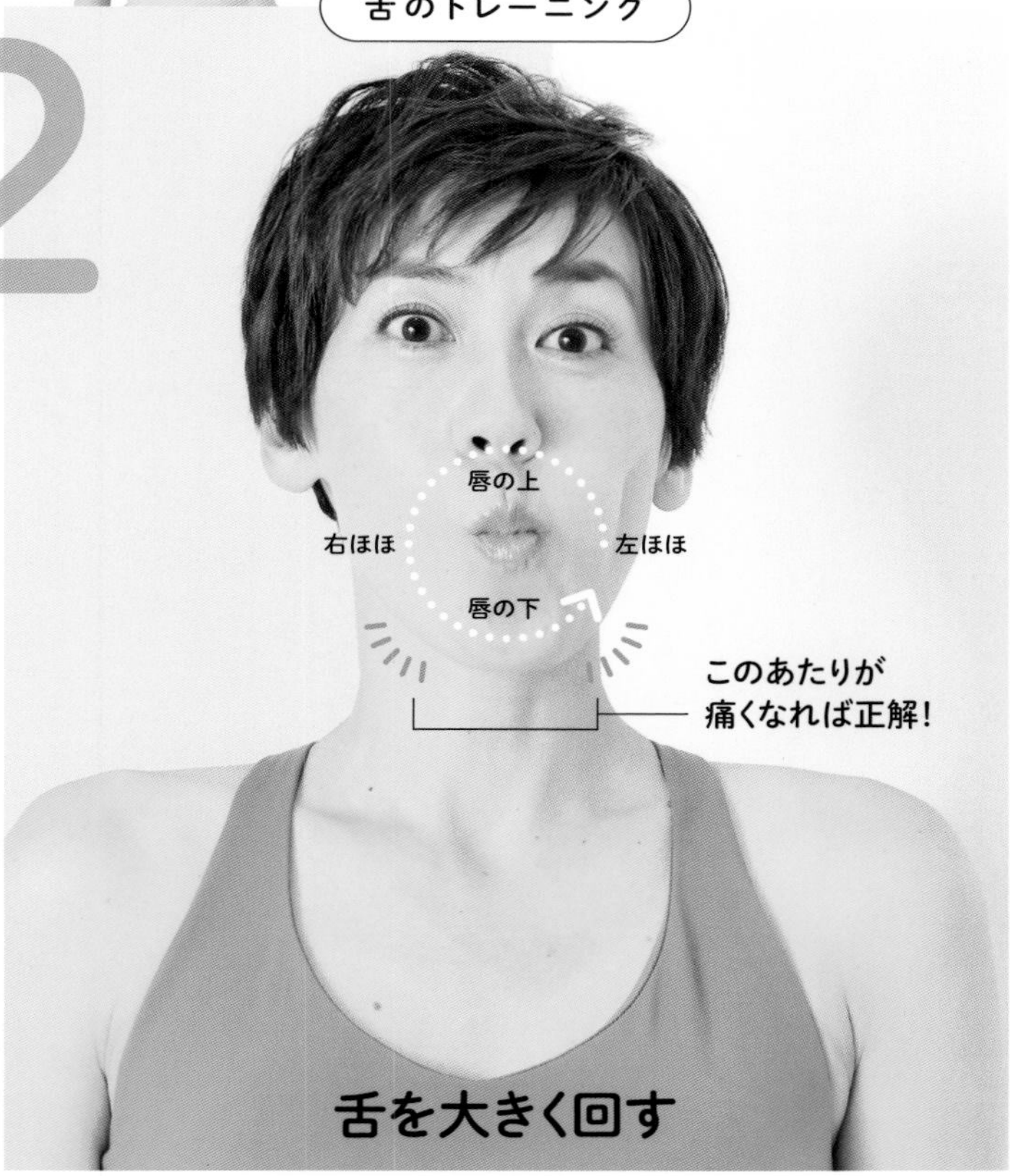
唇の上
右ほほ
左ほほ
唇の下
このあたりが
痛くなれば正解!

舌を大きく回す

動画で確認!

舌先で左ほほ→唇の上→右ほほ→唇の下となぞるように大きく回します。10回。反対回しも同様に。

右回し・左回し各10回

ONAYAMI

お悩み

11

[FACE]

ほうれい線を薄くしたい

#ほうれい線 #たるみ
#老け見え
#ブルドッグ #しわ
#原因は側頭筋
#側頭筋引き上げ

ほうれい線伸ばし

1

ほうれい線を
アイロンで伸ばす
イメージで
舌先で触れると
内側から
ほうれい線の
ラインが分かる

舌先でほうれい線を押し上げる

舌先を左上に当てます。そのまま、ほうれい線のラインに沿って、舌先を上下に動かしましょう。

左右各30秒

舌が届かない人は
指を口に入れて伸ばしてもOK
(バスタイムがおすすめ)

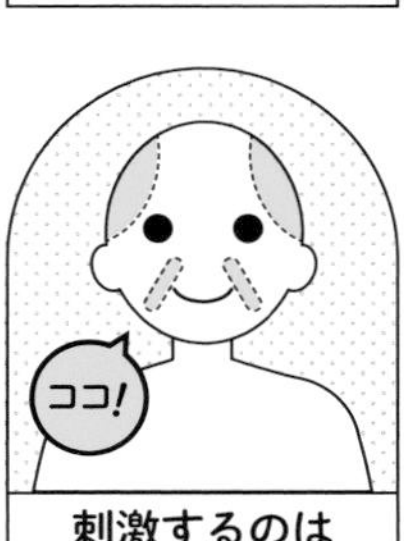

ココ!

刺激するのは

ほうれい線/側頭筋

【問題点】

側頭筋がタレるとほうれい線が深くなる

解決策

ほうれい線に関係しているのが、こめかみにある側頭筋の衰え。試しに鏡を見ながらこめかみを手で押し下げてください。ほうれい線が深くなりませんか？　改善にはその反対の動きをするのが◎。側頭筋を引き上げましょう。舌の長い人は、口の内側からほうれい線に触れることができます。内側からアイロンをかけてほうれい線を伸ばすように、舌先で押し上げましょう。

2

側頭筋のトレーニング

グーッと
引き上げて
「ここで止まれ！」
とイメージ
こめかみを斜めに引き上げる

手のひらの下部を左右のこめかみに当てます。そのままゆっくりと斜め後ろに引き上げて10秒キープしましょう。

10秒×3回

動画で確認！

ONAYAMI

お悩み 12

[Shoulder]

肩こりをほぐしたい

#肩こり #首こり
#巻き肩 #猫背
#ストレートネック
#四十肩 #血行促進
#肩の筋膜 #ストレッチ

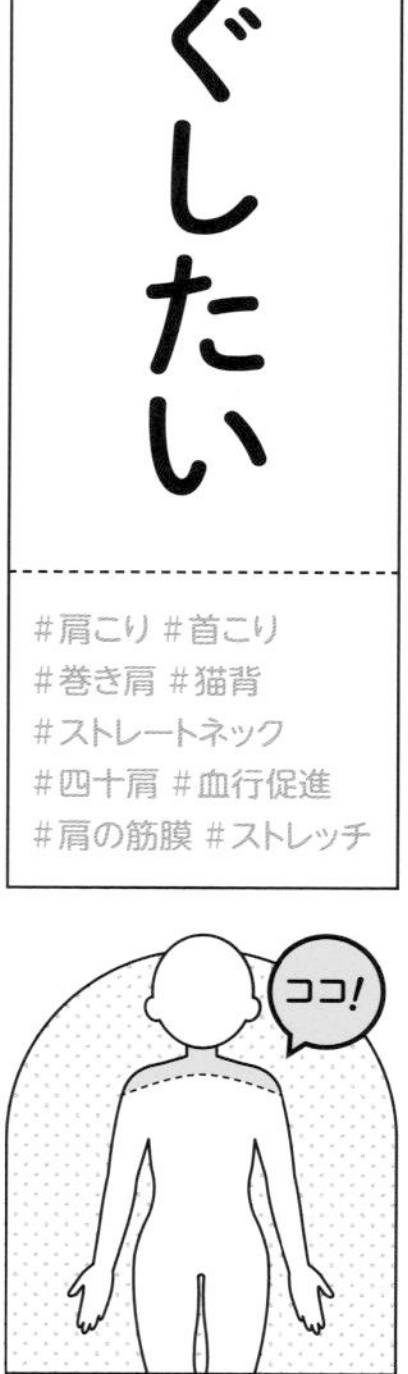

刺激するのは

首/肩

【問題点】首から肩の筋膜が硬い

解決策

血流が悪いと肩こりが生じます。血流を促すにはストレッチが有効ですが、筋膜が引きつれていると、首や肩を伸ばしたくても動かせません。そこでまずは首から肩の筋膜はがし。つまぷるで筋膜をはがしてから、首をグーッと伸ばしましょう。ちなみにわき下の筋膜が引きつれていると肩甲骨の可動域が制限され、肩こりを誘発します。わき下の筋膜はがしもぜひセットで!

首・肩の筋膜はがし

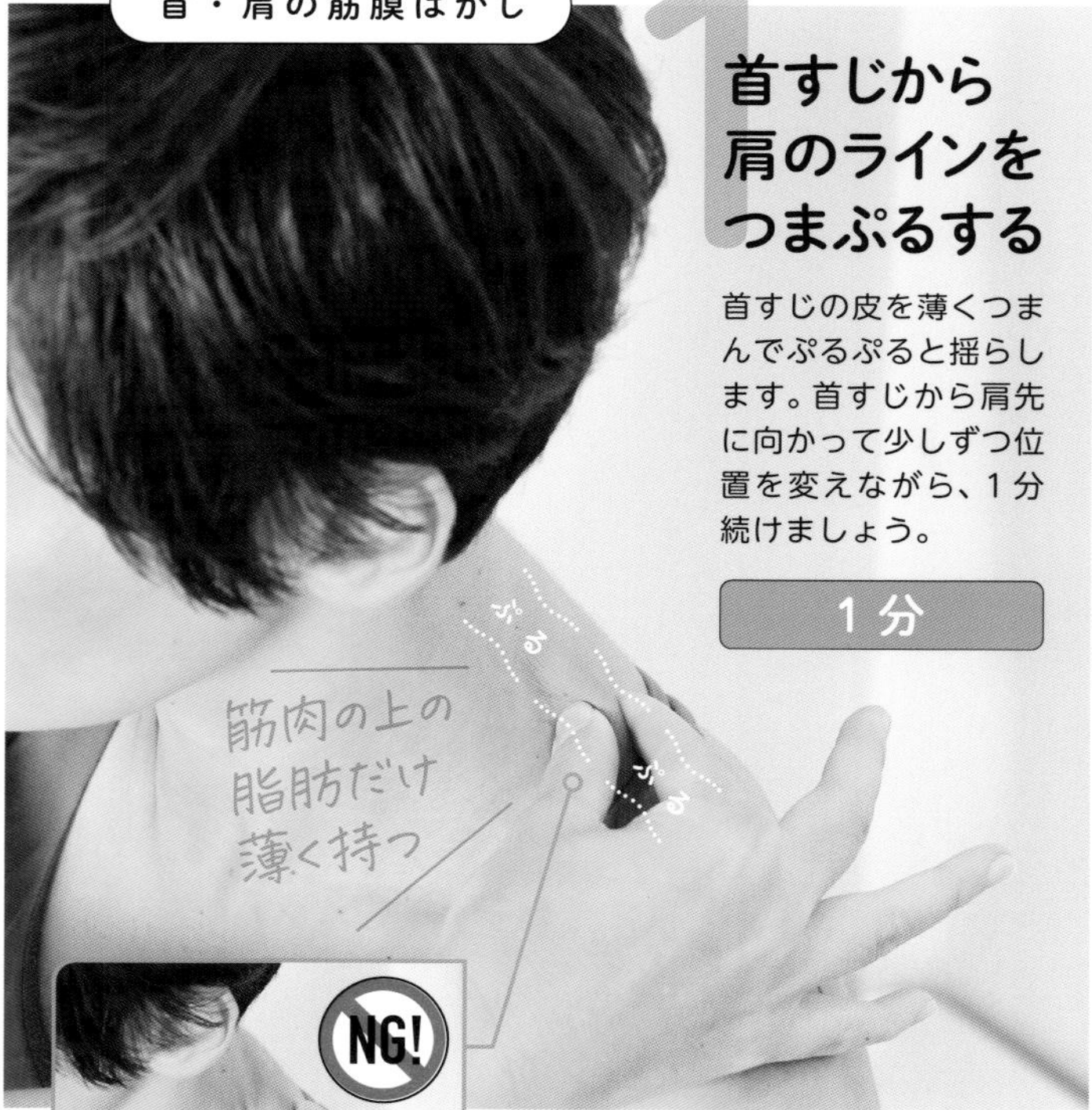

1 首すじから肩のラインをつまぷるする

首すじの皮を薄くつまんでぷるぷると揺らします。首すじから肩先に向かって少しずつ位置を変えながら、1分続けましょう。

1分

筋肉ごとつまんでしまうと筋膜をはがせません。薄くつまみましょう。

これもおすすめ わき下はがし

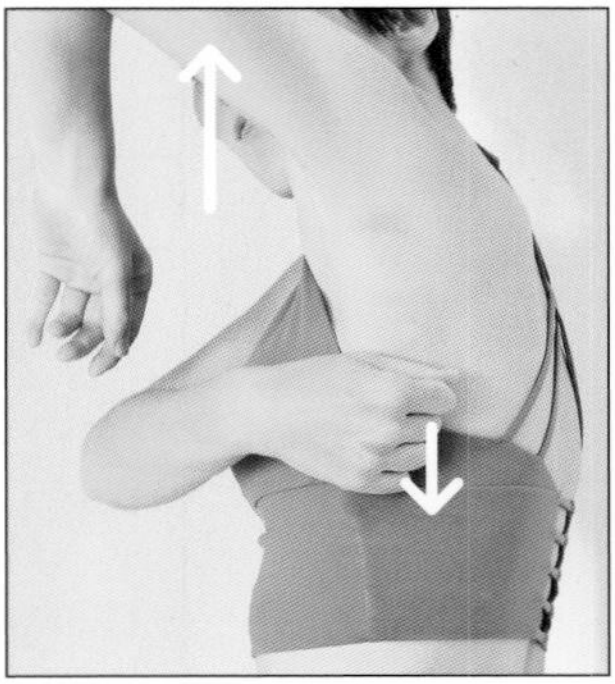

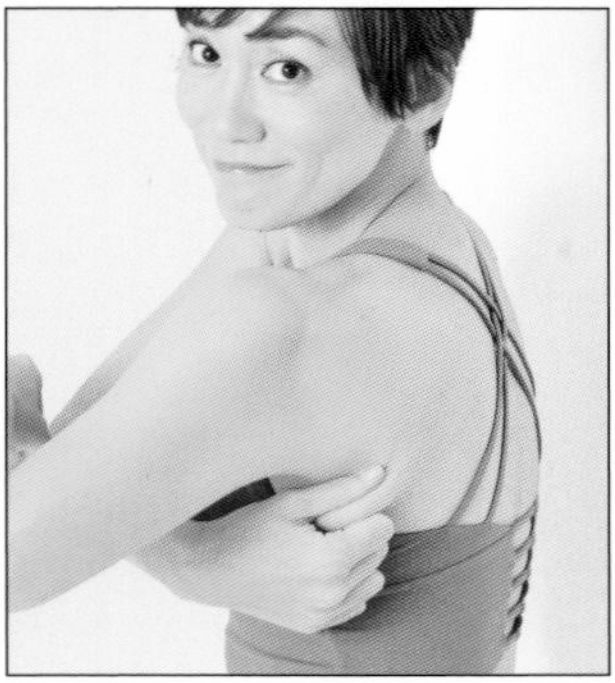

わき下の筋膜の引きつれをはがす

左わきの下の肉を、右手でつまみます。肉をつまんだまま左腕を上げましょう。位置を変えながら10回行ったら、反対側も同様に。

首・肩のストレッチ

2

頭を倒して首・肩を伸ばす

つまぷるした肩と反対へ頭を倒します。深呼吸しながら10秒キープしましょう。3回くり返したら、左右を変えて**1**、**2**を行います。

10秒×3回

つまぷる前後で
伸び感を
比べてみて
フゥ〜

動画で確認！

ONAYAMI

お悩み

13

[Lower back]

腰痛をやわらげたい

#腰痛 #腰が重い
#反り腰 #猫背
#骨盤 #ゆがみ
#股関節痛
#実はお尻も原因

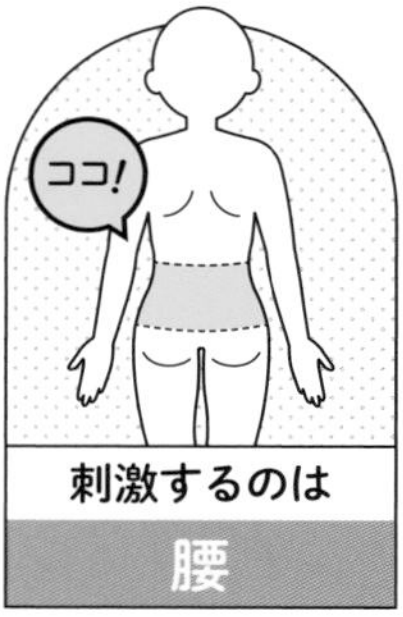

ココ!

刺激するのは

腰

【問題点】

腰の筋膜が引きつれている

解決策

立ちっぱなし、座りっぱなしなどの動かない姿勢で、腰の筋膜が引きつれて固着。それにより血流が悪化するのが、腰痛の主な原因です。また、腰痛の人は、腰以上にお尻や股関節が硬いのも特徴。動くたびに腰が下へと引っ張られるので痛みが増すのです。腰の筋膜はがしをしつつお尻のストレッチ(P.99参照)や内ももつまぷる&内ももストレッチにもトライを。

腰の筋膜はがし

1

腰肉をつまぷるする

両手を背中に回し腰の脂肪をつまみます。そのまま4~5回ぷるぷる。位置を変えながら腰周りをまんべんなくはがして。

1分

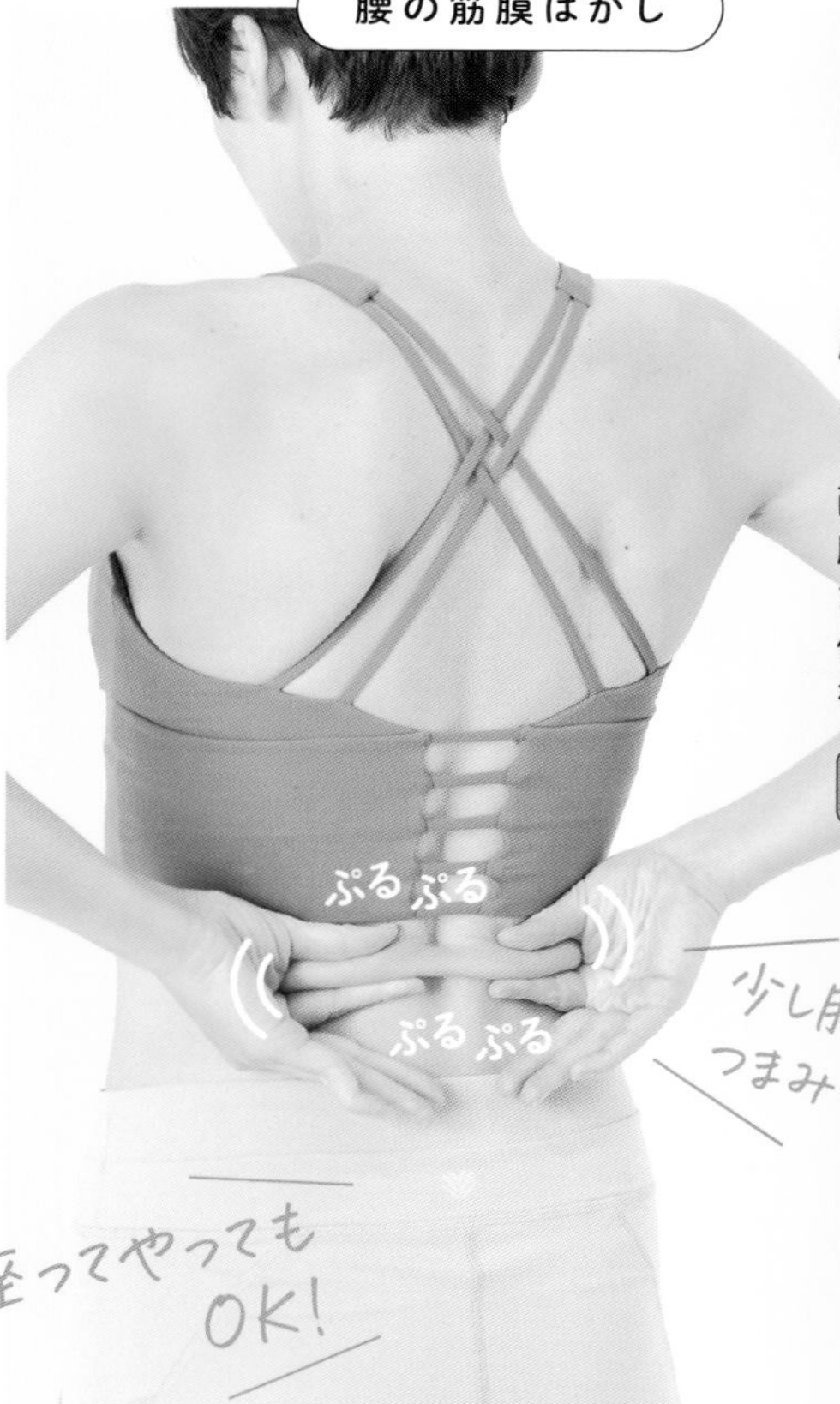

ぷる ぷる
ぷる ぷる
少し腰を反らすと
つまみやすい
座ってやっても
OK!

これもおすすめ 内ももはがし

内ももをつまぷるする

内ももの肉を両手でつかみ上下にぷるぷる。ひざから足のつけ根まで、少しずつ位置を変えて揺すります。左右各30秒。

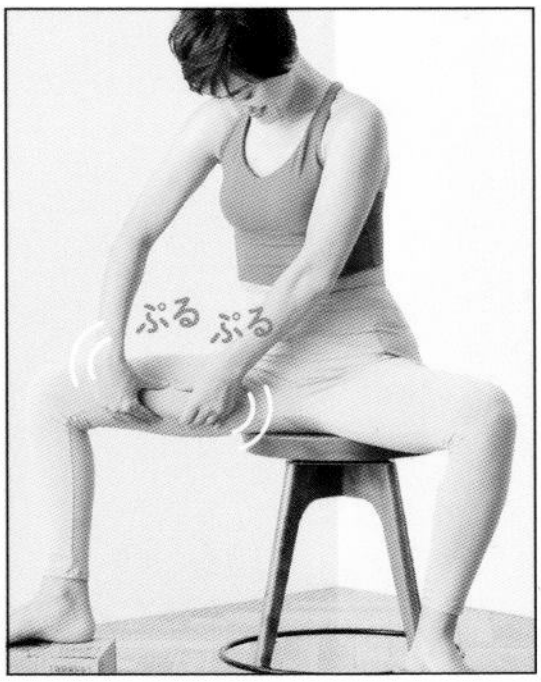
ぷる ぷる

内ももをストレッチする

いすに座り両ひざを手で押し広げます。内ももがピーンと伸びるのを感じたまま30秒キープ。

ピ〜ン!

2 つまんだまま腰を丸める

脂肪をつまんだまま腰を丸めます。少しずつ位置を変えながら同様に、腰全体、行いましょう。

1分

パンツの前面を上に向ける

腰を反らせたまま頭を下げてもダメ。**パンツの前面を上に向けて腰を丸めること。**

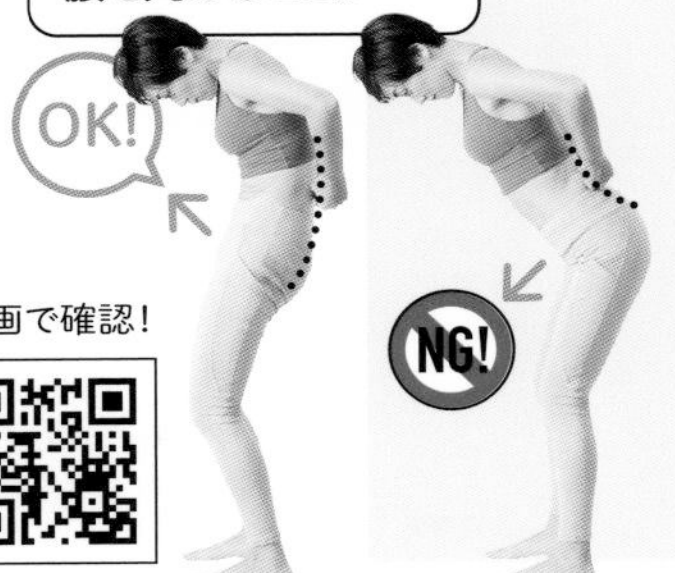
OK!
NG!

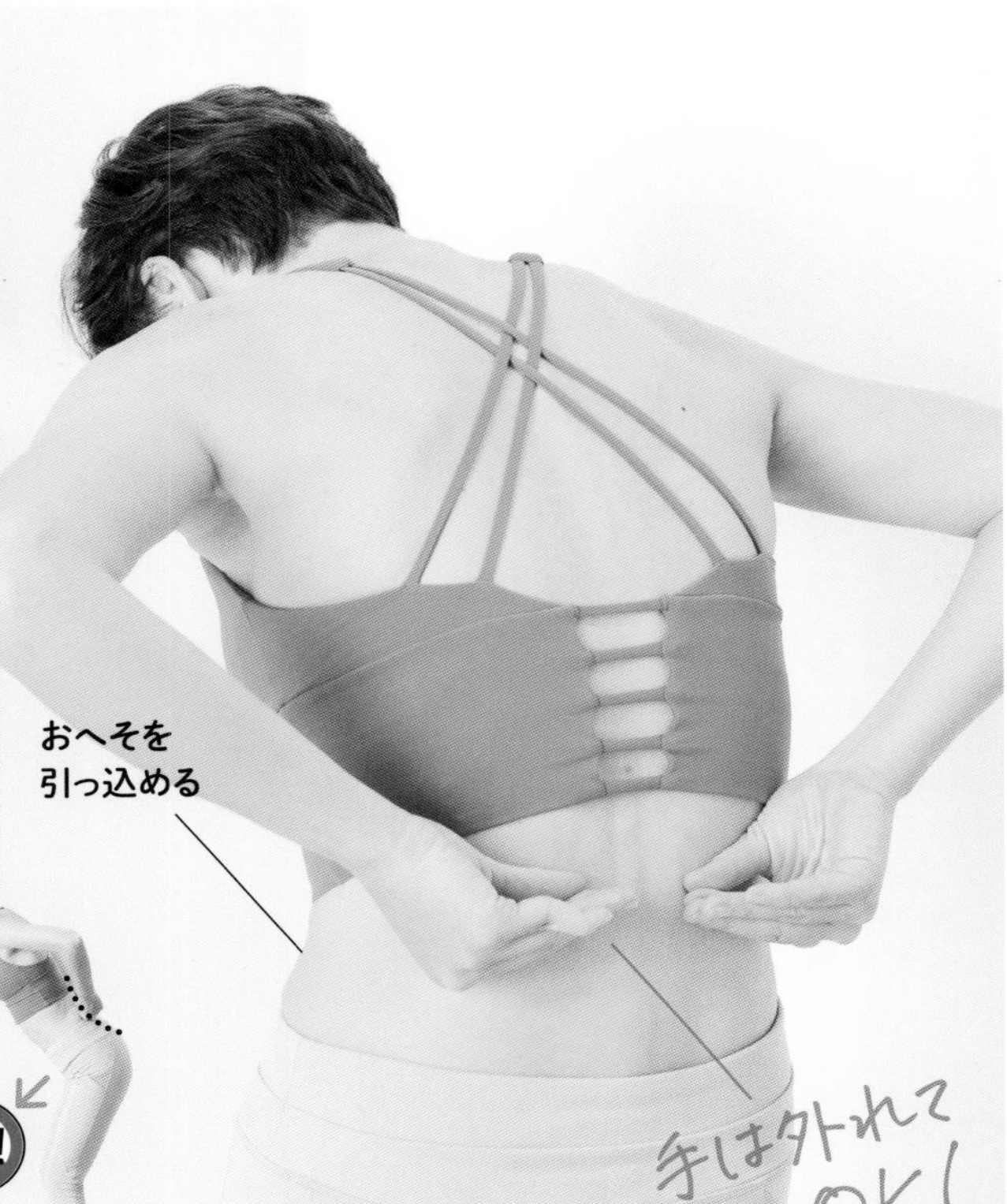
おへそを引っ込める
手は外れてOK!

動画で確認!

ONAYAMI
お悩み
14

[Knee]

ひざ痛をなんとかしたい!

#ひざ痛 #半月板!?
#ひざが引っ張られる
#悪いのはひざじゃない!?
#原因は前ももの硬さ
#大腿四頭筋

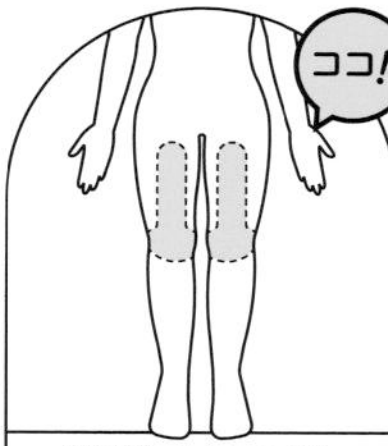
ココ!

刺激するのは
ひざ/前もも

【問題点】

前ももが硬く ひざを引っ張っている

解決策

ひざが痛い人は前ももが硬いです。前ももの筋膜が引きつれていると、筋膜はひざまでつながっているので連動してひざが引っ張られることに。引っ張られたまま曲げ伸ばしするのでひざ関節に炎症が起きやすくなります。解決法は前ももの筋膜をはがしてあげること。外ももの筋膜はがし(P.100参照)も有効。ひざまわりの筋膜をはがしてゆとりをつくるケアも行いましょう。

ひざの筋膜はがし

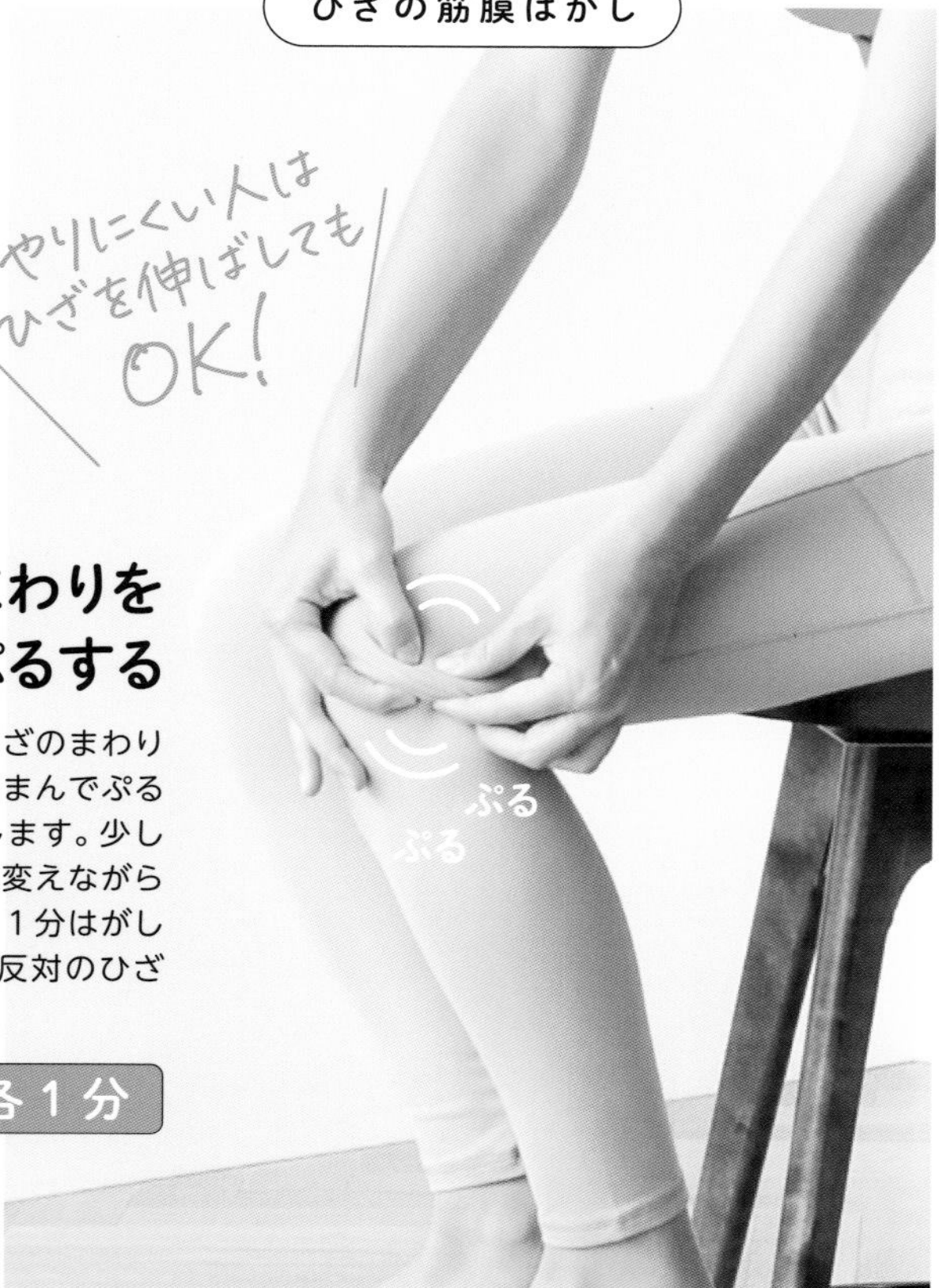
やりにくい人は
ひざを伸ばしても
OK!
ぷる
ぷる

1

ひざまわりをつまぷるする

ひざ頭やひざのまわりの脂肪をつまんでぷるぷる揺らします。少しずつ位置を変えながらひざ全体を1分はがしましょう。反対のひざも同様に。

左右各1分

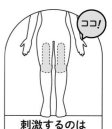

2 前ももを つまぷるする

前ももの脂肪を両手でつまみ、ぷるぷる揺らします。ひざ頭からそけい部まで少しずつ位置を変えながら、前もも全体、行いましょう。反対脚も同様に。

左右各1分

これでもOK

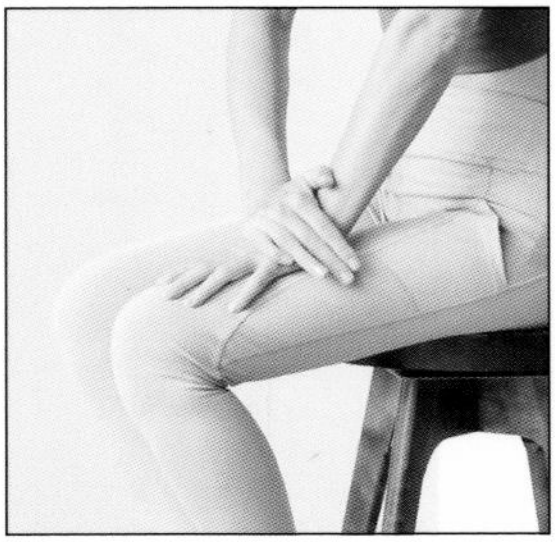

つまみにくければ手のひらで圧迫

両手を重ねて前ももに当て、グッと押してもOK。筋膜をはがせます。

動画で確認！

おわりに

がんばらないダイエットこそが40代以降のやせる近道です

「こんな簡単にやせられるなら、誰も苦労しないわ！」

なんてコメントを、YouTubeにいただきます。

そのたびに、私は心の中で叫ぶんです。

「やせないと決めつけて『簡単なこと』をしないから、

やせないんです。まずは試してくださ〜〜〜い!!」

みなさん、筋トレやランニングなど、ツラいダイエットじゃないと

やせられないと思い込みすぎです。

短期間で結果を出したいという気持ちは分かりますが、

私たち、オーバーフォーティー世代に、がんばりすぎは逆効果。

まずは、昔みたいに動ける体を取り戻すこと。

それだけでも見た目は変わるし、動ける体になれば、

心も軽くなって自然と動いちゃう。

またお目に
かかりましょう

だから勝手にやせていくんです。
大丈夫！　あなたは十分がんばってきました。
これからは、がんばらないダイエットを
いっしょにがんばりましょ（笑）

つまぷるで腹ペタ!

STAFF

デザイン/小林昌子
イラスト/福田玲子
撮影/臼田洋一郎
ヘアメイク/土方証子
取材・編集/及川愛子
校正/麦秋アートセンター
制作協力/かなえ　ゆなぞん
チッパー

2023年　2月21日　第1刷発行
2023年　4月19日　第4刷発行

著者　みっこ

発行人　土屋徹

編集人　滝口勝弘

発行所　株式会社Gakken
〒141-8416
東京都品川区西五反田2-11-8

印刷所　大日本印刷株式会社

DTP　株式会社グレン

この本に関する各種お問い合わせ先

本の内容については、下記サイトのお問い合わせフォームよりお願いします

https://www.corp-gakken.co.jp/contact/

在庫については	Tel 03-6431-1250（販売部）
不良品（落丁、乱丁）については	学研業務センター 〒354-0045 埼玉県入間郡三芳町上富279-1 Tel 0570-000577
上記以外のお問い合わせは	Tel 0570-056-710（学研グループ総合案内）

学研グループの書籍・雑誌についての新刊情報・詳細情報は下記をご覧ください。
学研出版サイト　https://hon.gakken.jp/